梦山书系

从"教育"到"辅导"

心理健康教育视野下的德育工作

林甲针◎著

海峡出版发行集团 | 福建教育出版社

图书在版编目(CIP)数据

从"教育"到"辅导":心理健康教育视野下的德育工作/林甲针著. —福州:福建教育出版社,2017.1(2020.10重印)
ISBN 978-7-5334-7589-5

Ⅰ.①从… Ⅱ.①林… Ⅲ.①德育工作-研究 Ⅳ.①G41

中国版本图书馆 CIP 数据核字(2016)第 314019 号

从"教育"到"辅导"——心理健康教育视野下的德育工作
林甲针 著

出版发行	福建教育出版社
	(福州市梦山路27号 邮编:350025 网址:www.fep.com.cn
	编辑部电话:010-62027445
	发行部电话:010-62024258 0591-87115073)
出 版 人	江金辉
印 刷	福建省地质印刷厂
	(福州市金山工业区 邮编:350011)
开 本	710 毫米×1000 毫米 1/16
印 张	13
字 数	168 千字
插 页	1
版 次	2017 年 1 月第 1 版 2020 年 10 月第 5 次印刷
书 号	ISBN 978-7-5334-7589-5
定 价	30.00 元

如发现本书印装质量问题,请向本社出版科(电话:0591-83726019)调换。

序

  林甲针老师经常在全国各地做学校心理健康教育报告。他的报告以深厚的理论知识、独到的见解、鲜活的心理辅导案例而受到听课老师的热烈欢迎。现在他将报告内容萃取精华，梳理成章，著述了《从"教育"到"辅导"——心理健康教育视野下的德育工作》一书，奉献给读者。我之所以这样说，是因为这部书十分接地气，源于学校生活实际，文笔生动，适合教师的口味。读者可以从作者娓娓道来的教育故事中把握心理辅导理论，获取灵感和启发，从而更好地运用心理辅导理论开展学校德育工作。

  《从"教育"到"辅导"——心理健康教育视野下的德育工作》，书名即可折射出作者对教育本质和当代先进的教育理念的深刻认识。长时间以来，我们对教育本质的理解，总有一些偏颇甚至不足。因此，教育者和被教育者的界线过于分明，在学校德育工作中教师"教育"学生的痕迹十分清晰。这使得师生之间常常产生一种对立的情绪，"教育"效果不理想。林甲针老师在这本书中对"教育"及"辅导"进行了分析，指出德育工作应该坚持心理辅导的理念，虽着墨不多但阐明了教育的本质。我们说，老师采取说教的方式是学校德育工作中常见的、也是必需的一种教育方式，但也存在一些弊端。作者在书中指出，

从"教育"到"辅导"
——心理健康教育视野下的德育工作

"旧式的"教育是"上对下的，权威的，灌输的"，是以"以老师为主"，学生是教育对象的"认知教育"。老师作为教育者需要给被教育者——学生的就是"换想法，给建议，讲道理"。学生按照老师的要求去做就是了。因此，我们常常看到这样一种师生对话的场面：老师"教育"学生滔滔不绝，学生或唯唯诺诺，缺乏一种心灵的交汇；或横眉冷对，增添一股情感的逆反。这使我们对学生的"教育"枯燥乏味、干涩生硬，很难成功。作者在书中强调的心理辅导则是以"新式的、平等的、协助的、启发的"方法助人自助，"帮助学生解决问题"。辅导老师"关注的"对象不是"问题"而是"个人"，其目的在于"促进个人的成长"。"辅导"是"以学生为主，更重视个别需求"。在"辅导"中，老师"不否定学生的感觉，话比他少"。在这种"平等的、同行的、协助的"辅导中帮助学生"了解自己的内心世界，使其在生活各方面达到适应"。我认为，这种凸显心理辅导的教育理念，描述出了契合现代教育本质的教育情境。

纵观本书，明显看出作者在谋篇布局上下了很大的功夫。文章循着人们思维的惯性一步一步展开，"诱"导读者渐入佳境，唤起求知，引起共鸣，激发灵感，探求心理辅导的理论和技术。

据我所知，在20世纪80年代，学校心理健康教育方兴未艾，教师信心十足，一时间学校心理咨询室门庭若市。但渐渐地，心理咨询热度降低，学校心理咨询室门可罗雀。究其原因，是教师缺乏心理辅导的理论知识和技能。这些年来，一批关于学校心理健康教育知识的图书填补了空白，广大教师对学校心理辅导有了比较深刻的了解和掌握。大家认识到：心理健康教育体现了以人为本的现代民主教育思想与观念，反映了当代的进步潮流；体现了教育的本质，能促进学生的全面发展，满足未来社会对人才素质的要求。心理健康教育是以教育学、心理学、社会心理学、行为科学和精神医学等学科理论的综合为依据的。因此教师对学生进行心理辅导必须进行系统的专业知识的学习才能胜任。在学校心理健康教育理性回归、深入持续发展的氛围中，教师急需一种易学、易懂、可读性强的心理健康教育读本。为了满足教师的需求，《从"教育"到"辅导"——心理健康教育视野下的德育工作》这本书出版了。它以流畅的文笔把心理辅导的理论、技术介绍给广大的读者。其内容丰富，涵盖了心理辅导的各个环节，对读者具有指导和借鉴的作用。

作者在书中提出，教师在心理辅导中的角色首先是"学生的读心者、客观的引导者、氛围的创设者"。而要做好这样的角色，"必须要有热忱的爱心、敏锐的洞察力、娴熟的引导技术和深厚的心理学功底"。为此，书中介绍了许多心理辅导必须掌握的理论和技术，如：罗杰斯人本主义理论、勒温团体动力学理论、埃里克森人格发展理论、艾利斯情绪 ABC 理论等，以及适度开放的自我暴露技术、积极语言的 HAPPY 技术和 NLP 技术、激励学生自我成长的支持技术、把自己的需求搁置的倾听技术、澄清问题的重述技术、轻轻提醒的引导技术、一心一意的专注技术、引导自我探索的发问技术、重体验重分享的游戏技术、换位思考的角色扮演技术等。应该说这些经典的心理辅导理论知识在理解和运用上是有相当难度的。但是在《从"教育"到"辅导"——心理健康教育视野下的德育工作》中，作者用一个个生动的案例把读者带入一系列的教育情境中。当读者为心理辅导的成功进一步追索依据的时候，作者恰逢其时地介绍了有关的心理辅导理论和心理辅导技术。这使得原本枯燥抽象的理论知识具体而鲜活起来，易于读者的接受和运用。

《从"教育"到"辅导"——心理健康教育视野下的德育工作》这本书，包含了大量的心理辅导教育理论及技术，但是在作者的笔下并不枯燥和突兀。原因是作者在长期的研究和实践中，从大量事例中遴选出最说明问题的生动的案例对有关理论进行了巧妙的诠释，因此读者不会感到这些心理辅导理论的乏味和艰涩。这是由于作者了解处于一

从"教育"到"辅导"
——心理健康教育视野下的德育工作

线教师的工作十分繁忙和劳累，因此其文笔幽默，教育故事丰满而引人入胜，使读者能够在轻松的阅读中习得心理辅导教育理论及技术，并在学校德育工作中娴熟地运用，使自己的德育工作绽放新的光彩。

苏学恕

（原《班主任》杂志主编 班主任工作学术委员会主任）

目录

第一部分 "教育"与"辅导"简述

一、我眼中的"教育"和"辅导" ········ 6

二、辅导的前提是建立关系 ········ 11
    1. 真教育是心心相印的活动 ········ 12
    2. "变"成了孩子，良师也是益友 ········ 14
    3. 信其师才能亲其道 ········ 15

三、心理辅导的基础理论 ········ 18
    1. 罗杰斯的人本主义心理学理论 ········ 18
    2. 勒温的团体动力学理论 ········ 19
    3. 埃里克森的人格发展理论 ········ 21
    4. 艾利斯的情绪 ABC 理论 ········ 23

第二部分 教师需要具有"辅导"意识

一、学生心理问题普遍存在 ········ 31
    1. 症状自评量表 SCL—90 调查 ········ 31
    2. 学生心理危机的具体表现 ········ 34
        （1）自闭症 ········ 34

　　　　　眼不对视的雄雄 ……………………………………… 34
　　　（2）多动症 ……………………………………………… 35
　　　　　急躁冲动的小明 ……………………………………… 35
　　　（3）情绪情感性障碍 …………………………………… 36
　　　　　抑郁无语的优优 ……………………………………… 37
　　　　　留下密码的小峰 ……………………………………… 39
　　　　　伤痕累累的小东 ……………………………………… 40
　　　（4）精神分裂症 ………………………………………… 41
　　　　　被洞察的佳佳 ………………………………………… 42
　　　　　爱幻想的娜娜 ………………………………………… 43
　　　（5）应激性障碍 ………………………………………… 45
　　　　　家庭变故的小朵 ……………………………………… 45
　　　　　遭遇性骚扰的柔柔 …………………………………… 46
　　　（6）强迫性障碍 ………………………………………… 47
　　　　　强迫洗手的琼琼 ……………………………………… 47
　　　（7）偷窃癖 ……………………………………………… 48

二、童年心灵创伤影响孩子的一生 …………………………… 50
　1. 童年心灵创伤简述 ………………………………………… 51
　　（1）微小心理创伤 ……………………………………… 52
　　（2）重大心理创伤 ……………………………………… 53

　2. 童年心灵创伤的具体表现 ………………………………… 54
　　（1）闪回 ………………………………………………… 54
　　（2）回避反应 …………………………………………… 54
　　（3）警觉性增高 ………………………………………… 55

三、成长的烦恼困扰着青春的步伐 …………………………… 56
　1. 青春途中的忧与愁 ………………………………………… 58
　　（1）羞涩的乳房发育 …………………………………… 58

(2) 迷茫的月经初潮 …………………………………… 59
(3) 困惑的遗精和手淫 ………………………………… 60
(4) 梦想单飞的童年 …………………………………… 61
(5) 被情困扰的日子 …………………………………… 62
  勇敢的表白 …………………………………… 63
  心灵深处的日记 ……………………………… 63
(6) 爱做性梦的青春 …………………………………… 64

2. 青春路上的伤和痛 …………………………………… 65
(1) 从虚拟网恋到现实私奔 …………………………… 65
(2) 从美妙相恋到绝望自杀 …………………………… 66
(3) 从闺中密友到同性骚扰 …………………………… 67
(4) 从乖乖少女到未婚当妈 …………………………… 67

四、师源性心理伤害依然严重存在 ………………………… 70
1. 无意的疏忽也是一种伤害 …………………………… 71
2. 师生冲突的心灵伤害 ………………………………… 73
3. 有意的伤害是一种犯罪 ……………………………… 75

第三部分 教师应该坚持的辅导理念

一、生命中的重要他人决定学生的成长方向 …………… 80
二、德育工作中应该坚持的辅导理念 …………………… 87
1. 每一学生都是可以改变的 …………………………… 87
2. 每一个学生都是有作为的 …………………………… 88
3. 每一个学生都是有价值的 …………………………… 90
4. 给每一个学生点亮一盏心灯 ………………………… 93
5. 给每一个学生以尊重和接纳 ………………………… 98
6. 符合学生的需要，才是有效的办法 ………………… 100
  婚姻的心情 …………………………………… 101

　　　　好油的煎饼 …………………………………………………… 102

　　7. 体验着学生的体验，幸福着学生的幸福 ………………………… 104

第四部分　教师可使用的辅导方法

一、穿着他的鞋走他的路的同理心技术 ……………………………… 111

　　1. 同理心实例 ……………………………………………………… 112

　　　　(1) 委屈的陈少裕 ……………………………………………… 112

　　　　(2) 加班的丈夫 ………………………………………………… 114

　　2. 不同的角色有不同的情绪 ……………………………………… 115

　　　　(1) 小猪的嚎叫 ………………………………………………… 115

　　　　(2) 浩浩的请假单 ……………………………………………… 116

二、就事论事的具体化技术 …………………………………………… 117

　　1. 具体化的实例 …………………………………………………… 117

　　2. 与人对话中的具体化技术 ……………………………………… 119

三、给感受找到出口的"我信息"技术 ……………………………… 120

　　1. "你信息"实例 ………………………………………………… 120

　　2. "我信息"实例 ………………………………………………… 121

四、适度开放的自我暴露技术 ………………………………………… 123

五、积极语言的 HAPPY 技术和 NLP 技术 ………………………… 127

　　1. HAPPY 技术 …………………………………………………… 128

　　2. NLP 技术 ……………………………………………………… 130

六、激励学生自我成长的支持技术 …………………………………… 132

七、搁置自我需求的倾听技术 ………………………………………… 135

八、澄清问题的重述技术 ……………………………………………… 137

九、轻轻提醒的引导技术 ……………………………………………… 139

十、一心一意的专注技术 ……………………………………………… 140

十一、引导自我探索的发问技术 ……………………………………… 141

十二、换位思考的角色扮演 …………………………………… 143

十三、重体验重分享的游戏技术 ………………………………… 144

    1. 信任背摔 ………………………………………………… 144

        （1）游戏规则 ………………………………………… 144

        （2）感受体验 ………………………………………… 145

    2. 口传句子 ………………………………………………… 145

        （1）游戏规则 ………………………………………… 145

        （2）体验感悟 ………………………………………… 146

    3. 我思念 …………………………………………………… 146

        （1）游戏规则 ………………………………………… 146

        （2）体验感受 ………………………………………… 146

    4. 心有千千结 ……………………………………………… 147

        （1）游戏规则 ………………………………………… 147

        （2）体验感受 ………………………………………… 147

    5. 鸡蛋、鸟、人、神 ……………………………………… 148

        （1）游戏规则 ………………………………………… 149

        （2）体验感受 ………………………………………… 149

    6. 蒙眼跟进 ………………………………………………… 150

        （1）游戏规则 ………………………………………… 150

        （2）体验感受 ………………………………………… 150

第五部分　辅导实例展示

一、哀伤辅导的理念和操作 ……………………………………… 155

    哀伤辅导亲历记 …………………………………………… 155

（一）哀伤辅导的理念 …………………………………………… 159

    1. 问题的缘起 ……………………………………………… 159

    2. 死亡事件对当事人的影响 ……………………………… 160

(1) 内疚负罪感 …………………………………………… 160

　　(2) 失控无助感 …………………………………………… 161

　　(3) 孤独感 ………………………………………………… 161

　(二) 哀伤辅导的操作过程 ……………………………………… 162

　　1. 协助当事人体验失落 …………………………………… 162

　　2. 引导当事人表达情感 …………………………………… 163

　　3. 帮助当事人正常生活 …………………………………… 164

　　4. 支持当事人情感转移 …………………………………… 165

　　5. 提供长期的心理支持 …………………………………… 165

　(三) 哀伤辅导的启示 …………………………………………… 166

　　1. 哀伤辅导对当事者是必要的、有效的 ………………… 166

　　2. 哀伤辅导理念、技术需要普及 ………………………… 166

　　3. 班主任能为学生做什么 ………………………………… 167

二、心理辅导活动课"非指导性教学"模式及应用 ……………… 169

　(一) "非指导性教学"模式的基本理论 ………………………… 169

　(二) "非指导性教学"模式应用实例 …………………………… 170

　(三) "非指导性教学"模式下的活动课类型 …………………… 173

　　1. "故事接龙式"活动 ……………………………………… 173

　　　(1) 青春的故事 ………………………………………… 174

　　　(2) 青春的错觉 ………………………………………… 174

　　　(3) 青春的选择 ………………………………………… 175

　　　(4) 青春的冲动 ………………………………………… 175

　　2. "动态生成式"活动 ……………………………………… 176

　　3. "工作坊式"辅导活动 …………………………………… 177

　　4. "认知——行为训练式"活动 …………………………… 178

　　5. "角色扮演式"活动 ……………………………………… 179

　(四) 对"非指导性教学"模式的思考 …………………………… 179

三、爱是最好的咨询技术 …………………………………… 182
　(一)案例描述 ……………………………………………… 182
　　1. 来访者基本情况 ……………………………………… 182
　　2. 案例诊断 ……………………………………………… 183
　(二)个案干预 ……………………………………………… 183
　(三)个案辅导过程 ………………………………………… 184
　(四)效果与反思 …………………………………………… 188
后　记 ………………………………………………………… 190

第一部分

"教育"与"辅导"简述

学生林东坐在我的办公室里,他的旁边坐着陪他一起来的同班同学。正对面是他的班主任张老师,她正与林东的妈妈联系,请林东妈妈无论多忙也得到学校来,把林东接回家。

张老师刚放下电话,林东马上给他的妈妈打电话,叫她坚决不能来学校,否则……

面对这样的一个学生,我一下子来火了,对着他吼了起来。

听到我怒吼了,林东一下子从座位上站起来,嘴里说着:"×××,职业学校的老师就是这么拽,我不读书又怎么样。"

说着,就要往走廊走,再次离开学校。

千辛万苦才把他找到,好不容易叫他来到我的办公室,我怎么能轻易放他走呀!

我一个箭步赶到门口,堵住了他的去路。看到我的窗户开着,他一个转身以百米冲刺的速度跃过椅子,踩到窗台上,重心外倾,马上就要……

我的办公室可是三楼,下面就是水泥地。说时迟那时快,我一把抓住了他的裤带,死死抱着他。

他的班主任叫来保安,又请来了校长,通知了政教处的所有人员,用车把他送回家交给了家长。

一切处理完毕,我瘫坐在沙发上,突然感觉一阵凉意袭来,才发觉我的内衣湿透一片。

说起林东,我想起了一个月前,班主任张老师说一个男学生已经十来天不到学校上课了。找其谈话,按规定旷课五十节要开除的,林东坚持说才四十多节,不够开除的条件。

张老师觉得他是个讲道理的孩子,说要请我与家长谈一次话,评估一下他是否能够留在学校继续读书。

记得那是上午十点,林东的妈妈带着他到我的办公室,第一次见到他,感觉那是一个瘦弱并且比较清秀的男孩子。

从"教育"到"辅导"
——心理健康教育视野下的德育工作

他的妈妈请求学校给孩子一个机会,我一直认为只有诚实的孩子才会有改正的动机,所以想了解一下,这十多天他到哪里去了。

林东的妈妈说这十多天一直不知道他在哪里,回到家后一声不吭,任凭爸爸妈妈如何追问,就是不露漏一点。

站在旁边的林东瞪着一双大眼睛,一脸茫然……

我当着他妈妈的面对林东说:"你不说出来,学校是不会给你机会的。"

后来我单独叫林东到走廊,他对我说,这十多天夜里一直在网吧,白天一直在一个朋友家里。他的朋友只有十六岁,不过现在已经开始工作了,只是朋友的爸爸妈妈闹离婚,一个人很寂寞,很想林东去陪伴他,他每天提供林东两餐,于是不知不觉十天就过去了……

听他讲得很真诚,又是出于一片爱心,我摸了摸他的头,叫他好好读书,不要对不起自己的父母和老师,更不要对不起自己的青春年华,他说他知道了,以后要好好学习。

转眼间又是一个星期过去了,没有听张老师说起林东,我想林东可能已经比较老实了。可第三个星期的一天下午,班主任张老师说林东又走了,头也不回地就走了。

林东第二次出走了,又是在学校出走的,并且这次是与老师发生冲突后出走的。找不到孩子的家长多次到学校说老师的不是。

过了一个星期,班主任张老师发现他出现在学校,电话问我怎么办,我说留下他带到我的办公室,然后马上通知家长,把林东交给他们也就没有事了……可是当第一个电话打给他妈妈时,她说:我现在没有空,饭没有烧熟!我当时非常想不通的是,孩子都失踪五天了,现在找到了,没有时间接,竟然是因为饭没有烧熟!

于是便出现了开头的那一幕。

事后,我一直想,如果那一下我没有抓住林东的裤带,让他从三楼掉下去,会怎么样?

哎呀……想都不敢想的事！

多少年过去了，回想林东事件，我还心有余悸。如果当时没有抓住他……

到现在我还在思考：处理林东旷课离家出走的事，我站在林东的角度思考过吗？有接纳过林东的情绪吗？理解林东的处境吗？林东为什么会走到今天的地步，成长中经历了什么？林东若留在学校，我或者其他老师三言两语就解决问题吗？

对于林东或者像林东一样屡教不改的学生，我们是否能为他们做更多或提供更好的帮助？

我们除了生硬的"教育"，还有更有效的办法吗？

从"教育"到"辅导"
——心理健康教育视野下的德育工作

一、我眼中的"教育"和"辅导"

有人调侃当老师的我们说是"鸡叫出门,狗叫回家",怕学生冷、怕学生热、怕学生肚子饿;天天与学生打交道,与学生斗智斗勇,为了学生付出了半辈子心血,总想学生好。至于什么是教育,怎样才能提高教育的效率,绝大部分的老师思考得并不是很多。

什么是"教育"?

首先让我们解读一下"教"和"育"两个字。

教:从攴从孝,孝就是成天在家伺候父母;

攴就是执行,力促。攴和孝联合在一起就是成天听命于老师。

育:按照一定的目的,长期地教导及训练。

按照一定的目标要求对受教育者进行德育、智育、体育等诸多方面施加影响的一种有计划的活动就是教育。(《辞海》上海辞书出版社)

所以教育是以"我们"为主,以老师为主,也就是认知教育,交换想法,给建议,讲道理……就是老师要给学生以知识和思想,这就是教育。

旧式的,上对下的,权威的,灌输的,最典型的是天地君亲师;而新式的,是平等的,协助的,启发的,是师生共同进步的。

了解教育的概念后,让我们一起听听视频中一段母女的对话:

妈妈:想不想吃饭?(此刻,餐桌上正摆满了丰盛的饭菜,有鱼、有肉、胡萝卜丝、海鲜汤……)

女儿:我不是给你说我要。

妈妈:你要吃饭对不对,那你知不知道你错在哪里?

女儿:你已经知道,为什么问我?

妈妈:我知道呀,但是你知不知道呀?我惩罚你不吃饭,是为了让你知道你错在哪里?

女儿:那你也不能这样啊!

妈妈:我怎么样了?

女儿:那你也不能欺负小孩呀!

妈妈:我是为了教育你走正路,把性格改好。

女儿:我的性格就是这样,没法改!

妈妈:(苦笑地说)你的性格就是这样,那你就不要做我的孩子。我的孩子是乖巧听话的。只做妈妈的好孩子,脾气太倔强的孩子我不要的。你说我这样教育你不对,那别人是怎么教育孩子的,你说来参考一下。看看别人怎么教育的,别人的孩子这么乖,我家的孩子怎么这么坏?

女儿:这就是性格。性格好坏又不是我自己决定的,是老天决定的。

妈妈:你是妈妈生出来的孩子,是妈妈、老师教育出来的,跟老天有什么关系。你自己说,那别人是怎么教育孩子的?

孩子:别人只说哪里不好就对了,你是直接骂我,这是不对的。

妈妈:我现在不是好好在和你说嘛。

女儿:你已经骂了很久,打了很久。

妈妈:那你为什么要扔掉遥控器?我说让你吃饭,关掉电视,你为什么扔掉遥控器?

女儿:那我为什么不能看电视?

妈妈:我说不能就不能。食不言,你不知道吗?吃饭的时候不要

从"教育"到"辅导"
——心理健康教育视野下的德育工作

说话、看电视,你不懂吗?《三字经》里教什么?老师教的没用是吧。明天开始不要读书,今晚开始不要吃饭!

女儿:你敢,我报警!

妈妈:你报警能怎样!!

看到这个对话,有的老师会感觉家长很强势,对话中出现不让孩子吃饭、不让孩子读书、不要孩子了等极端言行。有的老师会感觉小孩子嘴巴很厉害,大人说一句,她顶十句,句句不饶人。

妈妈的强势和焦虑:"这样的孩子我不要""我说不能就不能""明天开始不要读书,今晚开始不要吃饭""那你就不要做我的孩子"。这样的话语看似表现出妈妈一言九鼎,然而折射出的却是妈妈的无能和焦虑。

妈妈与别人比孩子:"别人的孩子这么乖,我家的孩子怎么这么坏?"孩子与别人比妈妈:"别人只说哪里不好就对了,你是直接骂我,这是不对的。"

妈妈一直在说教,孩子是不对的,是为了孩子好,批评孩子是在帮助孩子,妈妈是对的。以"为了你好"作为一种合理的理念指导孩子成长,"我是为了教育你走正路。"

作为家长,用这种方式与孩子沟通,在现实生活中太普遍了,我也特别理解家长的良苦用心。中国绝大部分的普通孩子,都是在这种沟通模式中成长起来的,也培养出了很多优秀的人才。但这种沟通模式肯定没有达到妈妈的预期,母子冲突在所难免,说教的结果可能不是互相理解,而是留下了隔阂,甚至留下的还有怨恨。

什么是"辅导"?

辅,车旁的横木,辅所以益辐,使之能重载。导,从寸,道声。"寸"与"手"意思相近,以手牵引,引导拉着你的手。

辅导就是助人自助,不是替人解决问题,而是帮助他解决问题。他关注的对象是个人而不是问题,其目的在于促进个人的成长。

辅导是以"他"为主，也就是以学生为主。更重视个别需求，不否定感觉，话比他少。一个成功的交谈，应该是二八定律。你讲百分之二十，他讲百分之八十。

辅导，平等的，同行的，协助的。辅导是帮助当事人了解自己的内心世界，使其在生活各方面达到适应。辅导的四个特征：民主而非强迫，连续不断的历程，重视个别差异，目的乃是个人和社会兼顾。

台湾学者吴武典认为，辅导是某人给予另一人协助，使其能做明智的抉择与适应并解决问题。但辅导不代替个人解决问题，只是帮助个人自己去解决，其注意的对象是个人而非问题。其目的在于促进个人的"自我指导"方面的成长。

台湾学者吴丽娟认为，辅导是受过专业训练的人，深入了解个体生理、心理、生长、发展、能力、兴趣等各方面情况与需要，运用专业知识、技能，辅以个别或团体的辅导方法，提供学业上、生活上、职业上各方面的协助，有系统、有组织、有计划地引导个体，增进其自我深度了解和自我接纳，并且运用自己的思考、判断做出明智的抉择，解决困难，进而使其能充分有效适应所处环境，并达到自我发展、自我教育、自我引导之境界，终而发挥潜能达到自我实现之最后目标。

……

辅导以人格发展为第一要务，关注的是成长的问题，着眼于发展的关键期，要抓好危机的预防。辅导像在一条河流中滴入墨水，在你眼前很难看到变色，因为水是流动的，但是下游绝对会变色。走过必留痕，我们给学生的温暖、爱心、接纳与肯定，是他生命中的光与热，是他能继续走下去的重要力量与支持。

我们能帮学生最大的忙，是让学生因为和我们接触的正向经验，而愿再继续向我们"求助"，所有问题就能得到较为有效的解决。

懂你的人最温暖，总有理的人不温暖，沟通的前提是搁置自己的需要或观点。

看下面的一段亲子对话：

六年级的孩子从学校回到家里，情绪非常不好，嘴里嚷着什么，差不多要哭的样子。

孩子：妈妈，我讨厌张老师，他是个大笨蛋！

妈妈：看起来你很生气。

孩子：老师对我大喊大叫！

妈妈：噢……

孩子：我没有带纸，他就发火！

妈妈：你没有带纸吗？

孩子：有时候我也会忘记带东西。

妈妈：你也不想忘记，有什么好的办法预防这些事的发生吗？

孩子：对了，我可以在抽屉里多放几张纸，就算忘记带，也没有关系。

妈妈：想出好办法了！

孩子：谢谢妈妈！

在这个对话中，妈妈没有立场，没有说教，没有说老师不对，也没有说孩子不对。妈妈价值中立，接纳孩子的情绪，陪伴孩子一些时间，孩子处理好情绪，一切都像没有发生一样，师生冲突只是生活中的一个小插曲。

孩子也在这次冲突中获得了成长，这就是辅导。

二、辅导的前提是建立关系

行为的背后，我们要看到动机。同样一个问题，一个老师可以让学生服服帖帖，心服口服，另一个老师却处理得怨声载道，鸡飞狗跳。这与老师的态度和水平密切相关。

师生冲突最直接的原因往往是"管"与"被管"之间。也就是学生违规，教师要进行"教育"，以示自己的职责所在。

从 2015 年被公开的师生严重冲突事件中，可以看到，冲突的很多原因是作业不上交，叫家长到学校，课堂点名，迟到，没收课外书、手机……在被管过程中，学生看老师不顺眼，嫌老师管得太多，管得太死，处事不公……

再去追问是什么导致了学生不爱学习，什么导致了学生违纪变多，什么导致了学生厌烦老师……是的，教师输在了一个"管"字上，这个"管"无关能力，无关师德，无关师道尊严，更无关社会的其他，只关乎教育的理念。

学生违纪、不爱学习，教师最直接的想法就是要"教育"，却很少去思考"为什么学生越来越不爱学习""为什么学生会违纪"这些根本的问题。

为什么学生会抗拒，因为需要没有获得满足，是学生这个"明白人犯糊涂"的根本原因所在。

如何做学生工作才有效呢？

从"教育"到"辅导"
——心理健康教育视野下的德育工作

下面是春晖中学学生王福茂写朱自清先生的一篇文章，他记录了一位老师对他一辈子的影响。从中我们可以感受到大师的大度和包容是怎么促使学生健康成长，让学生记挂一生的。

可笑的朱先生

他是一个肥而且矮的先生，他的脸带着微微的黄色，头发却比黑炭更黑。近右额的地方有个圆圆的疮疤，黄黄地显出在黑发中；一对黑黑的眉毛好像两把大刀搁在他微凹的眼睛上……他的耳圈不知为何，时常同玫瑰色一样。当他在黑板上写字的时候，看了他的后脑，似乎他又肥胖了一圈。最可笑的，就是他每次退课的时候，总是煞有介事地从讲台上大踏步地跨下去，走路也很有点滑稽的态度……

而朱自清的回应是：

我平时教大家怎样写作，王福茂给了大家一个榜样，这就是描写人要让人读后如见其人，最好还应如临其境，如闻其声。

王福茂写朱先生的形象，用现代人的说法颜值一般，动作笨拙，实在不敢恭维，但活灵活现。一般人看到后，也许会有些许不开心，而朱先生，肯定了王福茂的写法，并且给予正面回应，发扬光大。朱先生有一颗强大、包容、接纳的心，架起了师生之间坚固的桥，过了好多年王福茂想起朱先生，还能感到老师给予的温暖。

在我的教育教学生涯中，有几件事给我留下了深刻印象，感觉自己当时特别能影响学生。回想起来，原因无他，就是当时与学生的关系特别好，学生亲其师，信其道。

1. 真教育是心心相印的活动

某日在某班教室我对学生说，十月一号后要到浙师大三个月。有学生提出谁来代课，更多的学生说："呀，太可惜了……"

第二天上午早自修时间，按惯例，我巡视了所有的教室。推开某班教室的门，学生们好像发现新大陆一样，集体起哄："老师还在学校！"

"下午我要去浙江师范大学，抱歉，课不能上了，教务处已经安排了老师代课。"我说。此时一个穿红衣服的女生站起来说："老师，我们强烈要求把下午的课放在上午第一节上。"

上午的第一节是英语课。我马上联系英语老师，他说下午要去瑞安，调课的事也就没有安排。然后我照例去了学生寝室，经过医务室，到了食堂，回办公室的路上，接到英语老师电话说："学生要求你上课，下午那节给我，我下午三点多才去瑞安。"于是英语老师把课让给了我。

走进了教室，我没有带任何上课用书，全体学生集体起立，掌声齐鸣，一种幸福感油然而生……

这个班到现在一共才上过五节课，而学生是如此喜欢我，实在受宠若惊，于是我想起了前几届学生对我的评价：

A. 我觉得听他的课很轻松、有趣、幽默。他把风趣融到教学中，便于学生记住。在他上心理健康课上，我们可以无拘无束、畅所欲言，因为在他课上发言，只要阐述了自己的观点，没有对错之分，都是一百分，任何人都有发言的机会，他从来不会怪任何学生，总而言之，在他的课堂上没发现一般老师普遍存在的问题，他的教学能用两个字来形容——极好。愿他能继续努力，能让学生充分理解课堂的美丽。也让学生充分发挥只有学生才能表现出来的美丽。

B. 他是我心中的好老师，那是因为他没有等级之分。在许多人眼里，我们是垃圾班，一切都是不好的。在许多老师眼里，优生是宠儿，差生是孤儿，只有他不这么认为，他甚至认为我们比重点中学的学生更好，他是我心中的好老师，那是因为他的能力，一种我无法形容的能力，而恰恰他有……

这个班的孩子这么喜欢我,是在他们刚布置好班容的时候,我表扬鼓励了他们。我说他们班窗明几净,精神面貌超一流,男孩子很帅,女孩很漂亮,没有一个长发、染发,黑板报布局合理、字迹整齐。地面上很干净,只有两张废纸,大家哄堂大笑,最后我说:"我爱死你们了……"

这个开场白,一下子就拉近了我与这个班学生的距离,也为以后师生合作奠定了基础……

每个人都有想获得别人尊重的欲望,每个团体都有得到别人接纳的意愿,欣赏是相互的,任何好的老师,好的功课,只有在相互真诚尊重的基础上,才能焕发出潜在的力量。

真教育是心心相印的活动,只有这样才能使学生享受学习生活,使教师享受职业的幸福。

2."变"成了孩子,良师也是益友

十八岁,高中毕业的我,到某小学代课,任三年级(5)班班主任和语文课老师。时隔二十年,许多学生忘记了我教什么,但永远记得我带他们去干了什么……

在春暖花开日子,迎着习习的海风,我与孩子们到学校围墙外的海滩,抓小鱼、拾海螺。在晚霞满天的时候,我们收获喜悦,在厨房里消灭着海产品。

夏季午后,我带着柏周等孩子到了赤礁,在海边赤脚趟海水,听哗哗涛声,数朵朵浪花。

快要下雪的日子我曾带着丁实等孩子到了"三官爷",过岭头,到横山……我们生火、烧饭、唱山歌、赏云彩。

第二年春天,当满山遍野开满杜鹃花的时候,我与全班同学一起远足小渔岭,在草丛中找蘑菇,在涧水边捉迷藏,听山中雉鸡的啼叫，看夕阳西下、彩霞满天……

每到过节正燕给我送来鸡蛋、汤圆……

……

8月中旬，我知道自己被大学录取，到8月20日离开的日子，柏周来了，正燕来了，丁实来了，月仙来了，上塔来了……大家都来了，他们轮流把我去年挑来的行李抬过了小渔岭，送我到大渔镇，让我乘船回家。

站在船舷上的我，面对天真无邪的学生和一望无际的大海百感交集，汽笛的鸣叫声使我突然想到"此去一别……"

滚烫的泪水终于顺着脸颊掉了下来。

"忘记了你的年龄，变成了十足的孩子，加入到孩子的队伍中去，便有惊人的奇迹出现。师生立刻成为朋友，学校立刻成为乐园，你觉得与小孩子一般儿大，一块玩，一块做工，谁也不觉得你是先生，你便成了真正的先生。"正如陶行知先生所说的，那时的我是真正的先生。

岁月的风铃轻轻地吟唱，在生命的天空中二十年时间悄然飞逝。今夜，坐在电脑前，回想起自己走过的日子，所有的欢乐和泪水都涌上心头，而纯真少年初为人师的陈年往事，深深地镌刻在我的心中，因为那是我生命里最真实的足迹。

3. 信其师才能亲其道

曾收到一个学生的短信息。

"老师，你是一个与众不同的人，至少与别的老师不一样。"我问为什么？她说，"表面你是一个很凶的人，与你相处了才知道你是一个能与学生产生共鸣的聊伴，跟你说话我总感到有安全感。为什么会有这样的感觉呢？因为几次和你说了自认为天会塌下来的事，经你点化，总是满意解决，并且你会保密。对你好感激！"

是呀，多少年了，很多学生给我讲了关于自己学习上难以承受的疲累，青春隐秘中挥之不去的隐痛……

经验告诉我只要触摸到学生心灵的脉动，这个学生就能在半是依赖、半是自主中走过迷茫的沼泽地。在学生走好高中生涯的同时也成就了我自己，我感觉到一种幸福。

有时问学生，家长会你的家长为什么没有到校？学生扑在我耳边悄悄说昨夜我爸和我妈吵架了，第二天我妈没有起床；学生会在我的办公室外等到所有的人走开了以后，环顾四周溜进来说："老师，现在有一个男孩子要我做他的女朋友，你说应该怎么办？"我说你看着办！学生说我明白了您的意思了。第二天她会给我一个短信息：老师，你要支持我呀，因为老师也是好朋友，我今天准备拒绝那个男孩子了，可又怕自己不敢说出口，老师你给我加油呀！！

还有女生会说老师我想我是早恋……我不知道怎么办？我说应该怎么办就怎么办！过了几天学生会说老师，我为了您也要好好读书，那个事肯定以后再说……

"老师，我学习很认真，每天晚上学习到十一点多，可是成绩就是没有同桌的好，我觉得自己好笨。"说着说着眼泪挂到了腮边，我拿着一张纸巾给她。我说，哭吧，在老师这儿可以尽情地哭。一包纸擦光了，她也笑了，"老师，谢谢你，好长时间没有哭过了，今天最过瘾，爽！"

"老师，班里一个同学要打我，原因是昨天一件小事没有处理好，你说我应该怎么办？""我的钱被人偷了，老师，我不想活了。"……

学生的事对我来说是小事，可对学生来说是大事，有时没有及时处理可能会坏大事。在与学生交流过程中如果能走进学生的心灵，把握学生心灵的脉动，就能让学生感受到生活的美好，生命的精彩，在成就学生的同时也成就了自己的教师价值。

当我们的一个眼神、一个动作就可以影响学生，让孩子健康成长，这是最高的辅导技术，从某种意义上讲，这不是术，而是道了。

辅导的前提肯定是你在孩子心里有重要的位置。关系的建立才是最最重要的，让孩子喜欢你、信任你，信其师而亲其道。

从 "教育" 到 "辅导"
——心理健康教育视野下的德育工作

三、心理辅导的基础理论

有人说理论是核武器,技术是冷兵器。教育的任何一个具体行动,都要有依据,要有支撑,心理学的理论可以提供辅导的理论出处。认识了理论也就了解了规律,可以让我们的辅导工作更有底气。

那么辅导学生我们要掌握什么理论呢?

1. 罗杰斯的人本主义心理学理论

一对热恋中的年轻人,有一次去森林游玩迷了路。黄昏时,他们发现曾经住过守林人的两间小草棚空着,就决定在那里过夜。可是女孩却站在自己的那间小屋门前发愁。闩门吧,怕伤了男孩子的感情;不闩门,又怕他闯了进来。可是如果他真要进来,这扇门就是闩了也没有用。结果,她想了一个自以为奇妙的办法:把一根小草轻轻地系在门栓上。

这一夜,她心乱如麻,很晚才睡着。第二天清晨醒来时,只见门上那棵青青的小草依然紧拴着。她哭了,她感受到一种真正的,值得信赖的爱情……

也许,在你我的心上都有这样一棵青青的小草,它拴住的,才是真正的爱情。

这是我上《花开应有时》青春期男女生亲密交往辅导课时的结束

语。只是轻轻点一下，没有要求孩子一定要怎么做，也就是自己的价值观不是特别强烈，没有说教，没有必须，没有框。以孩子为主，只是探讨，只是感悟，只有建议。这是以罗杰斯的人本主义心理学做指导的。

美国人本主义心理学家罗杰斯认为，学习是非常个人化的一种过程。任何人都有着积极的、奋发向上的、自我肯定的、无限成长的潜力。他提出了"非指导性教学"，其含义是较少的直接性、命令性、指示性，较多的不明示性、间接性、非命令性。

它是用来表示与传统的"指导"思想和方法相区别的新概念，不是"不指导"，而是"不明确的指导"，即要讲究指导的艺术。同时，它突出了传统教育所忽视的情感作用和价值观等重要问题。

非指导性应答通常是一些简短的答话，这些话不是解释、评价或给予忠告，而是对理解加以反映、澄清、接受和证明，目的在于形成一种气氛，让学生愿意展开他们正在表达的观念。

教师的根本任务不在于传授知识，而在于建立一个积极、接纳、无威胁的学习环境来促进学生的自我指导。

2. 勒温的团体动力学理论

某初中，小红和小冬成为同学，半年后，她俩成为学生会的干事。两人一起学习，一起工作，关系很好。

初二上学期，在处理一个同学违纪的事情上，她俩产生分歧，加上之前对一些小事产生的误会，"新仇旧恨"涌上心头，小红不理小冬了。小冬也觉得小红不可理喻。

初二下学期，小冬转学了。与新同学聊起了在原来学校的委屈，同学觉得此仇要报，并且可以利用周末摆平此事。

周六下午，小冬带着四个女同学来到原来学校，叫出了正在教室

从"教育"到"辅导"
——心理健康教育视野下的德育工作

自修的小红,说明来意后,把小红带到河边的空地上,进行围殴。后被一个老伯发现,喝退了一群孩子。

但小冬四人还是强行把小红带到公园里。先是殴打,后又脱下了小红的秋衣、胸罩、内裤……并且拍了裸照。

小红没有和任何人说起,本想就此息事宁人了。

第三天,学校的政教主任找到她,问起了这事,主任说她的裸照在学校好多同学的手机里都出现了,在某 QQ 空间里也有。

事后,小红的家长来到学校,考虑再三,没有报案,怕二次伤害孩子。

女生伤害女生,触目惊心。暴力、性、污辱,无恶而不为……

现实中,对女孩子伤害最大的是女孩。一个女孩不会,但一群女孩她们可以没有底线,也可能做出禽兽不如的事。这就是团体的作用,团体动力在作用。团体可以是正能量,也可以摧毁一种价值观,变得面目全非、毫无底线。

勒温从整体论、动力论的原则出发,把团体看作是一个动力整体,其中任何一个部分的变化都必将引起另一部分的变化。这种部分与部分或团体成员之间的相互依存关系,是勒温团体动力学的核心。

勒温的研究证实,在一个确定的团体中,个体成员的动机通常强烈地连接在一起,以致很难把团体的目标和个体成员的意图截然分开。所以一般来说,要改变个体应先使具体的社会团体发生变化,这远比通过直接改变个人容易得多。这就是整体比部分更为重要的"场论"的基本思想。

在实际工作中,勒温也发现从改变一个团体来改变其中的个体,远比一个个地来改变个体要更加容易。只要团体的价值不变化,个体就会更强烈地抵制变化;一旦团体标准本身发生变化,则个体依附于该团体所产生的那种抵抗也就随之消除了。

在研究团体动力的过程中,勒温还发明了敏感性训练的教学方式。主要是通过小组交流讨论的形式，让参加者学会如何有效地与他人沟通和交流。

3. 埃里克森的人格发展理论

君君是一个不太活泼的女孩子，做什么事都比较胆怯。画画时，刚画了一半，就说："我画不好，不画了。"拍球时，刚失败一次，就说："我不会拍，不拍了。"

有一天，老师带着大家去参加户外拓展。同学们看到独木桥、飞檐走壁、爬金字塔等项目，个个跃跃欲试，兴奋得不得了。只有君君愁眉不展，这些项目是她从没有接触过的，她很害怕，心里一直在想："这些项目太难了，我过不去。"等大家都过了独木桥时，只有她一个人孤零零地站在那，脚步都不敢迈上去。大家都为她打气加油，可是她的脑海里就只有一个念头："我不行，我过不去……"等所有的孩子都开开心心地玩耍时，她却什么都不敢去尝试。

小学时期正是个体面临勤勉或自卑的发展阶段，即与个体进入学校有很大的关系。如果个体在学校生活中，能够由勤勉努力获得成果，那么就容易发展出勤勉的性格特征。如果在这个团体生活中面临的都是失败，那么就容易发展成比较自卑的性格特征。

埃里克森认为，人的自我意识发展持续一生，他把自我意识的形成和发展过程划分为八个阶段，这八个阶段的顺序是由遗传决定的，但是每一阶段能否顺利度过却是由环境决定的。

埃里克森的人格终生发展论，为不同年龄段的教育提供了理论依据和教育内容，任何年龄段的教育失误，都会给一个人的终生发展造成障碍。它也告诉每个人你为什么会成为现在这个样子，你的心理品质哪些是积极的，哪些是消极的，多在哪个年龄段形成，给你以反思的依据。

婴儿期(0~1.5岁)信任与不信任

不要认为婴儿是一个不懂事的小家伙，只要吃饱不哭就行。此时是基本信任和不信任的心理冲突期，因为这期间孩子开始认识人了，当孩子哭或饿时，父母是否出现是建立信任感的重要问题。

信任在人格中形成了"希望"这一品质，它起着增强自我的力量。具有信任感的儿童敢于希望，富于理想，具有强烈的未来定向。反之则不敢希望，时时担忧自己的需要得不到满足。

儿童期(1.5~3岁)自主与害羞、怀疑

这一时期，儿童掌握了大量的技能，如爬、走、说话等。更重要的是他们学会了怎样坚持或放弃，这时候父母与子女的冲突很激烈，也就是第一个反抗期的出现，一方面父母必须承担起控制儿童行为使之符合社会规范的任务，即养成良好的习惯，如训练儿童大小便，使他们对随地大小便感到羞耻，训练他们按时吃饭、节约粮食等；另一方面儿童开始了自主感，他们坚持自己的进食、排泄方式，所以训练良好的习惯不是一件容易的事。

孩子会反复应用"我""我们""不"来反抗外界控制，如果父母对儿童的保护或惩罚不当，儿童就会产生怀疑，并感到害羞。

学龄初期(3~5岁)主动与内疚

幼儿表现出的主动探究行为受到鼓励，幼儿就会形成主动性，这为他将来成为一个有责任感、有创造力的人奠定了基础。如果成人讥笑幼儿的独创行为和想象力，那么幼儿就会逐渐失去自信心，这使他们更倾向于生活在别人为他们安排好的狭窄圈子里，缺乏自己开创幸福生活的主动性。

当儿童的主动感超过内疚感时，他们就有了"目的"的品质。

学龄期(6~12岁)勤奋与自卑

这一阶段的儿童都应在学校接受教育。如果他们能顺利地完成学习课程，他们就会获得勤奋感，这使他们在今后的独立生活和承担工作任务中充满信心。反之，就会产生自卑。

如果儿童养成了过分看重自己的工作的态度，而对其他方面木然处之，这种人的生活是可悲的。埃里克森说："如果他把工作当成他唯一的任务，把做什么工作看成是唯一的价值标准，那他就可能成为自己工作技能和老板们最驯服和最无思想的奴隶。"当儿童的勤奋感大于自卑感时，他们就会获得有"能力"的品质。

青春期(12~18岁)自我同一性和角色混乱

青少年本能冲动会带来问题，另一方面更重要的是青少年面临新的社会要求和社会的冲突而感到困扰和混乱。所以，青少年期的主要任务是建立一个新的同一感或自己在别人眼中的形象，以及他在社会集体中所占的情感位置。这一阶段的危机是角色混乱。这种统一性的感觉也是一种不断增强的自信心，一种在过去的经历中形成的内在持续性和同一感(一个人心理上的自我)。

如果一个儿童感到他所处在的环境剥夺了他在未来发展中获得自我同一性的种种可能性，他就将以令人吃惊的力量抵抗社会环境。在人类社会的丛林中，没有同一性的感觉，就没有自身的存在，所以，他宁做一个坏人，或干脆死人般地活着，也不愿做不伦不类的人，他自由地选择这一切。

随着自我同一性形成了"忠诚"的品质。埃里克森把忠诚定义为："不顾价值系统的必然矛盾，而坚持自己确认的同一性的能力。"

……

4. 艾利斯的情绪 ABC 理论

两个人一起在街上闲逛，迎面碰到他们的领导，但对方没有与他们招呼，径直走过去了。

这两个人中的一个对此是这样想的："他可能正在想别的事情，

从"教育"到"辅导"
——心理健康教育视野下的德育工作

没有注意到我们。即使是看到我们而没理睬,也可能有什么特殊的原因。"

而另一个人却可能有不同的想法:"是不是上次顶撞了他一句,他就故意不理我了,下一步可能就要故意找我的碴儿了。"

人的不合理观念常常具有以下三个特征。

绝对化:是指人们常常以自己的意愿为出发点,认为某事物必定发生或不发生的想法。它常常表现为将"希望"、"想要"等绝对化为"必须"、"应该"或"一定要"等。例如,"我必须成功"、"别人必须对我好"等。这种绝对化的要求之所以不合理,是因为每一客观事物都有其自身的发展规律,不可能依个人的意志为转移。

过分概括:这是一种以偏概全的不合理思维方式的表现,它常常把"有时"、"某些"过分概括化为"总是"、"所有"等。它具体体现在人们对自己或他人的不合理评价上,典型特征是以某一件或某几件事来评价自身或他人的整体价值。

糟糕至极:这种观念认为如果一件不好的事情发生,那将是非常可怕和糟糕的。例如,"我没考上大学,一切都完了"这种想法是非理性的,因为对任何一件事情来说,都会有比之更坏的情况发生,所以没有一件事情可被定义为糟糕至极。但如果一个人坚持这种"糟糕"观时,那么当他遇到他所谓的百分之百糟糕的事时,他就会陷入不良的情绪体验之中,而一蹶不振。

艾利斯对人的本性看法可归纳为以下几点:

人既可以是有理性的、合理的,也可以是无理性的、不合理的。当人们按照理性去思维、去行动时,他们就会很愉快、富有竞争精神及行动有成效。

人具有一种生物学和社会学的倾向性,倾向于其在有理性的合理思维和无理性的不合理思维。即任何人都不可避免地具有或多或少的不合理思维与信念。

艾利斯认为人的情绪不是由某一诱发性事件的本身所引起,而是由经历了这一事件的人对这一事件的解释和评价所引起的。这就成了 ABC 理论的基本观点。在 ABC 理论模式中,A 是指诱发性事件;B 是指个体在遇到诱发性事件之后相应而生的信念,即他对这一事件的看法、解释和评价;C 是指特定情景下,个体的情绪及行为的结果。

通常人们会认为,人的情绪及行为反应是直接由诱发性事件 A 引起的,即 A 引起了 C。ABC 理论则指出,诱发性事件 A 只是引起情绪及行为反应的间接原因,而人们对诱发性事件所持的信念、看法、解释及评价 B 才是引起人的情绪及行为反应的更直接的原因。

第二部分

教师需要具有"辅导"意识

有一天接到某家长的电话，说自己的孩子，今年就读初三。但一直在家待着，不到学校上学。之前学习成绩一直很好，说不去就不去了，什么时候有空，请教你一下。

我们约好，第二天晚上七点到我办公室，带上他孩子一起。

我六点十分到办公室，她已经到了，仔细看，是一个年近五十岁的妇女，穿戴特别整齐，化妆、首饰得体，但没有看到孩子。

落座，自我介绍。

她说，孩子不来了，上午差点吵架。

孩子小学时在乡镇学校，成绩一枝独秀，人也阳光。初中，送到县城最好的私立中学，自己一直在北京工作，托付给他的阿姨看管，在学校边租房子给阿姨住，以备不时之需。初一时，孩子成绩优秀，表现良好，还是班干部。初二，孩子突然表现叛逆，总感觉长辈不理解、老师不关心。有一次没有完成数学作业，班主任督查、批评，与班主任冲突。班主任说，明天叫你爸爸到校，不然就不要到学校来。

孩子说，不读就不读，没有什么了不起，老子再也不来学校了。

孩子之所以反应这么强烈，是因为从小生活在单亲家庭，家里没有爸爸。这是班主任所不知道的。

从那以后，他就不去学校了，说在家自学。然后莫名的低烧，看了好多医院，也没有见好。转眼过了三个月，学校给他办了休学手续。

初二复读，读了一段时间后就不去学校了，母亲每个学期都交了学费。每到期中、期末都去考试，一次也没有落下，只是从原来的名列前茅，到现在一路红灯高挂。近两年时间，就这么过了。

在家里，学习的时间没有保证，有时一个晚上都上网，白天睡觉，同学、老师都不愿意见面。

一个人一个房间一张床一台电脑，600多天，足不出户，家人小心翼翼，生怕哪里不对伤到他……

从"教育"到"辅导"
——心理健康教育视野下的德育工作

孩子说高中要读,要走出家门,母亲把所有的希望都寄托在高中,下半年就中考了,母亲担心他高中能走出来吗?她现在最想的是孩子能融入社会,到同学中去,到社会中去,而不能宅在家里与游戏为伴,对过去很后悔,对未来很绝望,行尸走肉一个。

每想到孩子,一个阳光的孩子,变成现在的样子,她说自己特别无助,她说可以所有的财产都不要,换回孩子的健康。孩子的学业、家庭财富都无所谓,只要孩子健康、阳光地生活,平凡、平淡过日子就好。

说着,她潸然泪下。

这只是众多问题孩子中的一个。这样的孩子,最近就遇见了四个,都是男孩,都是家庭物质条件富足,在小学时成绩优秀,机灵、早慧,家长对孩子的将来充满了期待。

而在与孩子交谈中,孩子说心情沉重,生活没意思,"没有感情了"、"情感麻木了"、"高兴不起来了"。常闭门独居,疏远亲友,回避社交。家长对孩子的要求一次次降低,不用读重点大学,不用读大学,只要走出家门即可,可以陪孩子到天涯海角玩,钱没有关系,哪怕陪孩子出国玩都可以,只要对孩子好。

如果孩子没有得到很好的支持,可能会有更严重的问题出现,心理学家塞利格曼认为有人际沟通障碍的人是忧郁症的高危人群。

一、学生心理问题普遍存在

据权威机构发布，2015年某省中小学生的非正常死亡，比2014年减少了60%，主要减少的是交通和溺水死亡的人数；而中小学生的自杀人数2015年比2014年增加了60%，而自杀学生中初中生的自杀人数占60%。

某心理健康教育指导中心跟踪调查自杀事件，发现每一个危机事件后面都存在着三个要素：重大事件，心理问题，支持系统。

重大事件指的是学生认为的重大事件，也许在旁人看来是微不足道的事。重大事件可以是爷爷过世、父母离异、家庭暴力、成绩名次退后、宠物死亡等。

从事教育工作的老师都深有体会，不管是教育实践中碰到的学生问题，还是通过测量工具分析的数据，学生的心理问题在现阶段都是一个严重的问题，从而促使教育者寻求更有效的方法来面对学生，面对家长。

1. 症状自评量表SCL—90调查

本人对某重点高中，某普通高中，某职业中专做了一个SCL—90调查。SCL—90含躯体化、强迫症状、人际敏感、敌对、焦虑、抑郁、恐怖、偏执性、精神病性等项目。

某县高二学生测试结果与全国青年组常模 SCL—90 比较

因子名称	高二学生	全国青年组	t
躯体化	1.45±0.45	1.34±0.45	3.14**
强迫症状	2.00±0.60	1.69±0.61	7.56**
人际关系敏感	1.88±0.63	1.76±0.67	2.50*
抑郁	1.72±0.59	1.57±0.61	3.66***
焦虑	1.67±0.56	1.42±0.43	6.25***
敌对	1.76±0.61	1.50±0.57	5.12***
恐怖	1.48±0.49	1.33±0.47	4.55***
偏执	1.73±0.55	1.52±0.60	5.53***
精神病性	1.59±0.53	1.52±0.60	6.57***
其他	1.69±0.57	1.48±0.46	

由表 1 可看出，某县高二学生 SCL—90 的全部九项因子均高于全国常模，也就是说，和全国的青年组的平均水平相比，某县高二学生在躯体化、强迫症状、人际关系、抑郁、焦虑、敌对、偏执、精神病性及附加项等因子上得分要高。

某县高二段男女学生测试结果 SCL—90 比较

因子名称	男	女	t
躯体化	1.41±0.42	1.39±0.48	1.57**
强迫症状	1.98±0.59	2.03±0.63	0.72
人际关系敏感	1.87±0.59	1.89±0.68	0.27
抑郁	1.64±0.51	1.82±0.66	2.68**
焦虑	1.60±0.50	1.76±0.62	2.39*
敌对	1.70±0.54	1.84±0.69	1.94
恐怖	1.43±0.50	1.54±0.48	1.85
偏执	1.73±0.56	1.71±0.54	0.35
精神病性	1.59±0.49	1.63±0.59	1.07
其他	1.65±0.55	1.75±0.58	1.48

由表2可以看出，某县高中生中的男女学生中只有在抑郁、焦虑两个因子上存在显著性差异，其他各项均未见有显性差异。

三所学校SCL—90因子比较

躯体化	1.50±0.46	1.55±0.52	1.34±0.33	0.60	2.98**	3.49***
强迫症状	2.11±0.64	2.18±0.59	1.79±0.51	0.79	4.08***	5.18***
人际关系	1.98±0.58	2.05±0.66	1.67±0.59	0.81	3.82***	4.46***
抑郁	1.82±0.63	1.83±0.61	1.55±0.50	0.03	3.51***	3.58***
焦虑	1.78±0.58	1.80±0.57	0.49±0.50	0.17	4.01***	4.23***
敌对	1.79±0.62	1.97±0.63	1.59±0.55	1.86	2.57*	4.64***
恐怖	1.54±0.52	1.51±0.49	1.41±0.47	-1.47	1.93	1.45
偏执	1.84±0.53	1.89±0.60	1.52±1.46	0.59	4.75***	5.11***
精神病性	1.68±0.53	1.75±0.55	1.41±0.47	0.76	4.03***	4.79***
其他	1.81±0.63	1.73±0.58	1.57±0.47	-0.87	3.15**	2.21*

某县高二学生和全国组的学生一比较，进行T检验，都有显著性差异。在这九项指标中，某县学生的指标都高于全国常模的状态。

抑郁和焦虑两个指标，女生比男生高。所以本地前几年发生的校园危机事件几乎都是女生。

重点高中和职高、普通高中和职高的数据都有显著性差异。数据分析，职高学生的焦虑、抑郁、敌对等指标好于重点高中和普通高中。重点高中和普通高中没有显著差异。综合所有的调查数据，可以发现，学生强迫症问题最严重，调查了450个学生里面，有247个有强迫症意向的。

中国每一年的自杀人数有多少？前几年的数据是二十八万到三十万之间，每一年还有两百多万的是自杀没有成功。

进入2015年以来，我已经确知了数起初中生跳楼自杀的消息。而且，多为学习成绩优秀的学生。

孩子死在家中，学校说这是家庭教育问题；孩子死在学校，家长组织人员与学校闹事；而不管孩子死在哪里，总有人说，连这一点挫折都不能经受，将来怎么能有所成就？跳楼身亡的这些孩子，假如他们知道他们惨烈的死，换来的只是家庭、学校与社会的角力推诿，是不是更觉得这世界的寒冷而生无所恋？

2. 学生心理危机的具体表现

（1）自闭症

自闭症是广泛性发育障碍的代表性疾病。主要特征是漠视情感、拒绝交流、语言发育迟滞、行为重复刻板以及活动兴趣范围的显著局限性，一般在三岁以前就会表现出来。自闭症者"有视力却不愿和你对视，有语言却很难和你交流，有听力却总是充耳不闻，有行为却总与你的愿望相违……"

眼不对视的雄雄

站在我面前的男孩子，十一岁，与其他孩子比较，个子明显偏小，不敢直视我，与人没有眼神交流，不说话，更没有礼貌语言。

家长说，孩子已经不到学校一个月了，问不出是什么原因。不去学校的那一天，孩子不起床，家长强迫他，他便与父亲发生了强烈冲突。从床上跳起来，到厨房拿了一把菜刀，架在自己的脖子，没有一句话，手在发抖……

他母亲说他一生下来就比其他孩子个子小，五斤多一点。少时多病，一直到三岁多了才会说话，并且话很少，几乎不与小朋友玩。

他的父母是加工手袋的，天天工作十几个小时，要求孩子不闹腾就好。平时一天三餐提供好了，很少陪孩子玩，也少有教育孩子。

快读小学了，孩子依然话少，点点头，不说话，不交流，不对视，也没有参与群体性的活动，表现为退缩，不自信，经常一个人到河边玩，或者一个人在三楼房间看电视，玩游戏。

在与孩子沟通中，他声音很轻，我问他，只有摇头、点头。他说他只有一个朋友，但之前因为菜刀事件，对方的家长已经不让孩子与他玩了。

一个多小时的时间，孩子没有看我，也没有看他父母。感觉父母和老师不在一样。母亲还说，他的语文可以考八十多分，数学可以考九十分。平时一个人玩电子游戏，很晚才睡。

最近，母亲没收了手机，他抓住母亲的衣领，抓伤了母亲的脖子。母亲担心孩子再大一些，到初中时，没有办法驾驭他。

他只活动在一个人的世界中……

据相关研究数据：中国目前自闭症的孩子人数超过一千万。

（2）多动症

多动症，是儿童期常见的一类心理障碍。表现为与年龄和发育水平不相称的注意力不集中和注意时间短暂、活动过度和冲动，常伴有学习困难、品行障碍和适应不良。国内外调查发现患病率3%~7%，男女比为4:1。部分患儿成年后仍有症状，明显影响患者学业、身心健康以及成年后的家庭生活和社交能力。

相关数据显示我国有注意缺陷多动障碍孩子一千六百万。

急躁冲动的小明

四年级的小明，转学了。

原因是在这个班级里，他不讨人喜欢。之前的一个月他做了好几件让人不能原谅的事：

小明上课小动作不断，有次动手打了同桌的小虹，引起小虹家人的强烈抗议，小虹的父母和奶奶三人，到学校要求调换座位，给班主任造成了很大的压力。

小明的父亲到学校，向班主任和小虹的家长赔礼道歉。

可一个星期不到的时间，又出事了。同班的小强，在讲台桌前，不小心碰到了他的手，小明便放声大哭，尖叫，情绪失控、不依不饶，拿起一张椅子，砸向了小强，致使小强头破血流……

这样的事多了，小明在班里没有一个好朋友。

上课注意力不集中，经常从一桌跑到另一桌去，有时不请假就去厕所，让老师特别担心，也随他到厕所，看他到底在做什么。

上课不能专心听讲，做作业不能全神贯注，做做玩玩，粗心草率，作业要母亲陪着，晚上十点了，还没能完成。学习成绩，倒数几名。

班主任和任课老师认为他是故意捣乱，觉得他不可理喻，无可救药。

……

父母生育年龄过高，胎儿期与有毒物质的接触，直系亲属有病史的患病的危险性更高，15%的病例与基因突变有关，也很可能是多个基因的变异。出生体重过低，不良养育史，母亲孕期饮酒、抽烟或接触有毒物质（铅），这些都是发病的原因之一。犯者以注意力缺乏为主，活动过多、行为冲动、学习困难、神经系统发育异常。

当老师发现某个学生有注意力或多动方面的问题，应及时转介，以使学生得到进一步的评估和诊断，从而及时得到专业帮助。

(3) 情绪情感性障碍

以情绪（心境）严重低落为主要特征，且持续至少两周，并伴有相应的思维和行为改变，造成社会功能受损或本人痛苦的不良后果。许多轻、中度抑郁症并不存在精神病性症状，常以深埋的内心痛苦和情绪压抑为主要表现。他们外表正常，社会功能和人格完整性无明显损害。通过积极治疗，病人能够较快地恢复健康。

抑郁无语的优优

高二男生优优，经常请假，精神萎靡不振，成绩也一落千丈，班主任担心他的状态，建议到心理咨询室接受辅导。

优优如约而至，他看起来很清瘦，眼睛一直看着地板，偶尔抬起头来看我，双手不停地搓着。讲话速度很慢，欲言又止，不知该如何表达，内心似乎压抑着很多东西，而我能做的就是等待，做好一个陪伴者。

我的陪伴产生了作用，优优每次咨询完后便约好下个星期的时间，只有一次爽约了，是因为请假回家忘记了，事后向我道歉。

随着咨询关系的建立，他说跟其他同学说话时也一样，也不看他们的眼睛，因为他很害怕同学会说他眼睛长得小而丑，看起来很猥琐的样子。初中时曾有同学开玩笑说过，他放在心上了，高中一直担心同学们说他猥琐，担心同学们背后说他什么不好的。

自己说一句话，做一件事都会在想别人是怎么评价自己的。于是上课迷迷糊糊，发呆发愣，思维很慢，再到后来上课根本就不想听，坐在教室里很难受，也不跟周围的同学说话，下课就一个人趴在座位上，觉得生活没意思，经常觉得自己很没有价值，对人生很悲观，觉得自己做不了什么事，于是三天两头请假回家。

在家里玩电脑游戏通宵，慢慢觉得玩电脑也没什么意思，把自己关在房间里面听听歌，内心感觉孤独和痛苦。

从初中开始就有过自杀的念头，想过各种各样自杀的方式，但想到各种自杀方式的后果惨不忍睹，又心生害怕，而不敢付诸实践。

优优父亲长期在外经商，在他十岁时候母亲又生了个小弟弟，精力更多地转向照顾弟弟，对他的照顾有疏忽，他跟妈妈时有争吵冲突，妈妈处理事情急躁，时常大发脾气，他说他恨他妈妈。

从"教育"到"辅导"
——心理健康教育视野下的德育工作

有一次他请假回家了,因为烦小弟弟进房间,把门锁了。妈妈敲门他也不开。妈妈急了,把门砸开,两个人发生了激烈的争吵,妈妈竟然去厨房拿了一把刀架在他的脖子上,他被妈妈的行为吓到了。他觉得爸爸的形象是"懦弱",对他的关心也是不够的,自己的心里话从来没有向爸爸妈妈说过。

咨询中我要他做过一份抑郁自评量表,分数快接近中度抑郁,不过这只能作为一个辅助的评估。后来经他同意,我和他的父亲做了沟通,建议父亲带他去温州医院看一下,可能对孩子会有更好的帮助,沟通之后,男孩自己也同意去温州医院做个咨询,于是八次咨询结束。后来他休学半年后回来上学,再见的时候精神比以前好多了。

抑郁症表现为无望感,疲倦无力感,自我隔离,和别人的交流减少;自卑,自责和自罪感;对别人的拒绝和自己的失败及其敏感,人际关系困难易激惹,愤怒,敌意;无法解释的,重复的缺课或逃学,学习努力下降,学业成绩下降,无法集中注意力,在饮食睡眠上的明显的改变,离家出走的想法和企图;自杀或者自伤的念头和行为。

特殊的危险信号可以表现为:通过敌意,攻击性,或者冒险的行为来表达抑郁情绪,通过酗酒,毒品或随意的性行为来避免抑郁情绪的体验。

十二岁以上的青少年群体中,抑郁症发病率女性高于男性。

抑郁型气质(负性情感体验)患病率高,生活中负性儿童期体验多,比如父母死亡、父母离异、家暴等;在学校与学业压力、同伴关系、欺凌、家长和老师的关系等因素有关。

对抑郁的学生,教师应该鼓励他们和其他人交流他们的情绪和情感;鼓励他们用艺术(绘画、音乐、书写等)的形式来表达自己的情绪情感;分享自己知道的其他可以帮助他们的信息;热情和关心患病学生。教师不要先入为主地判断,不能苛刻对待学生的错,不要苛求学生出现奇迹,不要抱有不切实际的期望;要灵活对待这些问题学生,将学生的行为个人化，不要以为问题学生的行为是针对老师个人。

留下密码的小峰

重点高中的高三学生小峰，市一模考试全校第二，沉默寡言的他是清华北大的重点选手。5月21日上午早自修时间，小峰没有到教室参加早自修，九点多，班主任、学校领导找了各种可能的去处，都没有消息。安全科调出监控，凌晨2点38分，寝室的走廊上出现小峰的影子，八分钟后消失。

去哪儿了？

座位上的抽屉上发现了一张纸条：我抛弃了我的肉体。放弃了我的灵魂，但是我一直都在，一直都在，看着天看着地。

另一张纸条：一串数字：9 1 13 9 14 23 1 20 5 18

背后：解码钥匙：KEY 26－Z

9对应I，1对应A……

结果便是"I am in water"

"我在水里！"

38个小时后，在穿过学校的一个古河道里，找到他的尸体。

在他的日记里，5月14日之后的日期栏全写着514，出事前一天留了两段话，日期栏写的是5555514。

与其他同学不同的是，小峰没有注册微博微信，也没有其他一些网络社交工具。大家感觉他比较内向，不善于与人交流，他家隔壁的人说，从小就很腼腆，他从没有主动和周围的邻居打过招呼，通常都是别人主动喊他，才回头报以一笑，即使回话说话声音也非常小。

自杀是中国15～34岁人群第一位重要的死亡原因。

15～24岁占自杀总人数的26.64%；15～24岁的自杀人数每年竟高达15万人以上。同时，中国每年大约有13.5万未成年的孩子经历母亲或父亲死于自杀的伤痛。

从"教育"到"辅导"
——心理健康教育视野下的德育工作

中小学生精神障碍患病率为 2.6%～32.0%。高校约有 20% 的大学生有心理问题,其中 15% 属于一般心理问题,需要学校、亲友进行疏导;3.5% 有心理障碍,出现失眠、消瘦等症状;1.5% 有精神病,失去自制能力,分不清现实与幻觉。

在涉及学生自杀危险性问题上,没有什么保密性的原则,立即行动,对学生做出反应,不要等到一天的课都上完以后才来干预,哪怕你不是很确定,但只要你觉得有任何自杀的风险,那就需要做出反应。立即联系学校咨询师、社工或者学校的上一层领导,学校领导会联系家长或者监护人;在家长、监护人或者另外的人接管以前,持续对学生保持看护的状态。

要让学生知道,学校对学生的状况非常担心,这一点很重要。抑郁的学生或有自杀倾向的学生会将学校的模棱两可的反应,或者不去反应解释成漠不关心,而这可能进一步增加他们自杀的想法和动机。

不要说:"别担心,这仅仅只是一个时期,你会好起来的","你只想到自己解脱,你太自私了","你会走出这个状态的","你只是想获得别人的注意而已","你通过自己的努力一定可以摆脱你现在的困境"。

可以说:"在别的帮助来之前,我会一直陪着你"、"你能告诉我,这很好,我会找人帮助你的"。

不要担心询问他们是否考虑自杀会增加其自杀的危险性,相反,这会使他们感到被关注关怀,愿意被聆听。

"你是否有过很痛苦的时候,以至令你有想结束自己生命的想法?","有时候一个人经历非常困难的事情时,他们会有结束生命的想法。你有那种感觉吗?"

伤痕累累的小东

站在我前面的小东,是一位高一的学生,一脸笑容,身材挺拔,身高1.80米，是阳光帅气的大男孩。大热天，32℃，其他人都穿着短袖，唯独他穿长袖衣服。不管在课堂还是在操场，几个场合都是。我悄悄地问班里的一个男生，说小东手臂上有严重的疤痕，不敢示人，原因是自己用小刀切自己的手臂……

随着对小东了解的深入，得知原因是一个女孩子，两人确定恋爱关系，谈了一些时间后来分手，女孩转学了，没有任何消息。痛苦像虫子一样在小东心里爬。于是，他用锋利的刀片在手腕刻下她的名字，看着血缓缓地流出，疼痛像欢乐的小兔子一样驱散着心里的不快。怕他妈妈看见，小东用很厚的毛巾缠在腕上，妈妈一问起，他就说在锻炼身体时缠的，不愿意拿下来。

每当小东想那女孩的时候，就用这种方式来缓解思念。女孩的名字在他手上加深的时候，似乎就可以取代她在小东心里的分量。而每当想到她不再理他的时候，又恨她，就尽量把她的名字从手腕上划掉，于是她的名字在小东的腕上存在并消失着。时间在冲淡他思念的同时，小东用刀片记下自己的青春。

自虐：有意而为之的，不以自杀为目的，而是为了应付心理上的痛苦体验而造成的对自己身体上的伤害，可以包括：切割，抓伤，烧灼，干扰伤口愈合，自我击打或咬，撞头等，手臂或者腿上的切割伤最为常见，可能会通过穿长袖的衣裤来试图掩盖伤口或切割的痕迹。

自虐的基本数据：出现在青春期，4% 青少年人群，男女比例相当（女性更容易寻求治疗），一般持续 5~10 年，或者更长。

（4）精神分裂症

精神分裂症是一种精神科疾病，是一种持续、通常慢性的重大精神疾病，是精神病里最严重的一种，是以基本个性改变，思维、情感、行为的分裂，精神活动与环境的不协调为主要特征的一类最常见的精神病。主要影响的心智功能，包含思考及对现实世界的感知能力，并进而影响行为及情感。临床上表现为思维、情感、行为等多方面障碍以及精神活动不协调。

被洞察的佳佳

高二学生佳佳，是一个文静漂亮的女孩子，出生在一个知识分子家庭，读了许多名著，从小学业成绩优秀，小学时她的作文，都是被语文老师当范文在班级里读。身边总是围着她的一班同学，是团队里的核心人员。中考时，发挥一般，与省一级重点校差0.5分，而到了省二级重点校。

上了高中以后，她依然学习认真，依然得到老师的关注和同学的尊重，师生关系、同学关系挺好，她也从这个团队里获得了归属感和安全感，学业成绩在班里名列前茅。

高二的下学期初，疼她的爷爷过世了，她伤心了很长时间，两个月了情绪也没能调整好。晚上睡觉的时候，有时听到爷爷和她对话，说什么听不清……刚开始她也没在意，认为是思念爷爷的表现，她是个孝顺的人。

期中考前一天中午，她在教室里认真复习，在做好数学题后，脑中闪过要去拿语文书还没有行动的时候，她的耳朵里飘过了一个男生清晰的说话声："佳佳，要拿语文书了"。她感到不可思议，这个男生怎么可能知道我要做什么呢？但她真真切切地听到了男生的声音……晚上回到家里，头脑中也总是闪过男生清晰的声音"佳佳要拿语文书了"。

过了一个星期的周二下午第二节课间，佳佳从书包里拿出纸，站起来时，听到了另一个男生的声音："佳佳要去上厕所了。"她觉得太可怕了，怎么可能呢，我还没有去上厕所，人家就知道我要去上厕所，简直……

从那以后，她经常会听到有男人的声音在耳边回荡，说出她要做的事。

她寻求我的帮助，我感觉她是轻度的精神分裂，给予了一定的心理支持，提醒她家人也应该给予帮助……慢慢地，她的状况有所好转。高三，学习成绩依然还好，情绪也平稳。高考时，离一本线差2分，离理想学校有所差距，但家人和她都能接受。

在家等待录取的日子里，有一天上午十点，她帮助奶奶做手工活时，正要去上厕所时又听到一个男人的声音："佳佳要上厕所！"天呀，一年前的那个人又出现了！

那天开始，佳佳感觉时时有男人在看着她，与她对话，叫她做什么……

八月底，家人带佳佳到某医院诊治，确诊是轻度的精神分裂症。

爱幻想的娜娜

早上九点钟，女生娜娜到我的办公室，告诉我"甲针老师，我们班有一个男生整天都叫我名字"。

我的第一反应是：你的名字为什么不给他叫？她说他上课也叫，下课也叫，老师在也叫，老师不在也叫。我说我先了解一下，下午三点钟你再过来找我。在下午三点钟之前，我找到娜娜旁边的男生，他说他没有叫过娜娜的名字，我又找了娜娜旁边的女生，女生也证明了他没有叫过。

下午三点钟娜娜来了，吞吞吐吐地问我："老师你问了没有？"

我当时又不能一下子说他没有叫。我反问她，你对这个男生的印象怎么样。她告诉我，他长得那么高，成绩那么好，又是班级的团支部书记……我知道，娜娜对他有好感，我需要应付她一下，"我已经跟他讲了，叫他以后不要叫。"

到了第三天，班主任老师到我办公室，说娜娜有点问题。"别人早上五点半起床，她三点半便起床爬楼梯，一楼到五楼，五楼到一

从"教育"到"辅导"
——心理健康教育视野下的德育工作

楼，整整爬到五点半，气喘吁吁，大汗淋漓。同学们早锻炼她也早锻炼，六点钟吃早餐她也吃早餐，六点四十分早自修她也早自修。大家早自修读英语读语文，她干什么呢？娜娜在黑板上写我要当中华人民共和国总理，我要当联合国秘书长，我要控制全中国，我要霸占全世界。我觉得问题较大，要跟她家长联系。"

可是联系后家长说考试快要结束了，马上就要回家了，现在把她送回来，村旁边的人都会问她为什么回来，人家知道我女儿精神不正常，以后出嫁都难，让她再待一个星期，考好试以后回来。

这是发生在前几年的事情，当时学生安全问题没有今天抓得这么紧，对心理健康的问题也没有现在这样的认识，学校也不会像今天这样负无限的责任，我说可以再留几天。

第二个星期二（星期三考试），全班的同学到机房上机，她是计算机专业，第四节课，娜娜在铁门底下吃瓜子。我问她为什么不去上课在这里吃瓜子。她说："眼镜叫我吃瓜子我就吃瓜子。"

我问她眼镜在什么地方，她说："老师你笨啊，眼镜在什么地方你都不知道。"我被她问得莫名其妙。我说眼镜在哪儿。她说眼镜在某某镇某某街99号三楼前面那个房间，窗门底下有一张课桌，课桌有三个抽屉，抽屉拉出来，里面有一本书，书下面有一个眼镜，眼镜叫我吃瓜子我就吃瓜子。

讲得我毛骨悚然！

娜娜幻听，幻觉，又有幻想了，这是精神分裂症的典型症状，如果还不把她送到医院，继续留在学校。她如果什么时候听到有人叫她跳楼，她就跳楼了。

我们也经常发现有人自言自语。其实他是跟人对话。看到"鬼"了是吧，有一个人跟他对话，他就一直跟他对话，从上午一直可以对话到晚上。

有时候说被鬼跟上，叫他跟着跟到河里，然后就跳下去了。所以像这一类学生，你坚决要把她交给家长，不该我们负责任的，我们必须把她送走，对孩子，对我们的学校，对我们的老师都有帮助。

（5）应激性障碍

应急性精神障碍是典型的心因性障碍，病前有明确的精神创伤或应激性生活事件，起病常比较急骤，经过适当治疗措施，病情很快好转，恢复健康，预后良好。一般视为"良性心理疾病"。

在精神病学上创伤被定义为"超出一般常人经验的事件"。创伤通常会让人感到无能为力或是无助感和麻痹感。创伤的发生都是突然的、无法抵抗的。心理创伤分为急性心理创伤和慢性心理创伤。急性心理创伤包括急性应激障碍（ASD）、创伤后应激障碍（PTSD）、适应障碍等，慢性心理创伤包括慢性创伤后应激障碍（CPTSD）、适应障碍、躯体化障碍、严重的应激障碍未定型（DESNOS）等。

遭遇家庭变故的小朵

小朵，女，18岁，就读于某中学高三年级。12岁时父亲因车祸去世。母亲在父亲过世后独自承担家庭的重担。家里有一个妹妹，今年15岁。临近高考，小朵向最要好的异性朋友小易表白，但小易却选择了一个他喜欢的女孩子作为恋爱对象，这让小朵非常痛苦。

小朵的问题表现为情感问题，但深入会谈后我发现造成小朵产生情感困扰的原因是父亲突然离世造成的心理创伤，属于慢性心理创伤。

小朵来咨询室时一言不发，挺不情愿的样子，坐在沙发上，身体向前弓着，两手握着放在膝盖上，眼睛老盯着地板或者窗外。我问她问题，也基本上避开我，不回答。倒是小易，因为信任的关系，竹筒倒豆子似的，把她的情况一一向我说明。问我他该怎样做才是真的对

从"教育"到"辅导"
——心理健康教育视野下的德育工作

小朵好？是不是干脆不理她，才是真的对她好？我把问题抛向小朵，问她希望小易怎样做？小朵头低得更厉害了，还是一言不发。

情感问题是高中生常见问题，也是成长过程中所必然要面对的。但小朵面对情感问题的反应是封闭自己、拒绝接受，而不是我们常见的很生气、伤心、不理解等反应。小朵的这种反应背后应该有一个心结，即类似于精神分析的固着的现象。找到这个结，才能更好地理解小朵对于情感挫折的反应。

于是我把问题转移到小朵的家庭情况。说到家庭情况，小朵开口了，她抬头看着窗外，淡淡地说，挺普通的啊，妈妈在外忙，爸爸在小学六年级的时候过世了。家里还有个妹妹。小易听了，忙补充道：她家的情况我知道，他爸爸是因为车祸突然去世的。说到爸爸，小朵的眼睛里似乎有些泪花。

了解了小朵的经历，看到小朵的反应，我想，也许，小朵对于父亲突然离世的心路历程是我要找的结。但一则时间到了，二则小易在场，三则小朵对我还没那么信任，于是，我决定结束首次谈话。

我轻轻把手放在小朵肩上，对她说：小朵，老师感到你心里还有很多话没有说出来，如果你愿意的话，我希望你下周这个时候能单独过来。小朵点了点头。

遭遇性骚扰的柔柔

眼前的柔柔，身材匀称，皮肤细嫩，感觉是乖巧、善解人意的那种类型。但柔柔无精打采，有气无力，她说自己不想读书了，想离开家乡，离得远远的。柔柔向我诉说了自己的成长经历。

柔柔在小学时曾多次受到同龄男生强行摸胸，当时父母均不在身边，她未向任何人透露，一直埋藏心中。

小学五年级时，有一天父亲喝了酒后，叫柔柔亲他一下，当时她只想亲父亲脸一下，但是不知道为什么父亲一下子把她拉过去，并且舌吻了她。由于年龄小，父亲是喝了酒的状态下，柔柔并未胡思乱想。

初二过年时，父亲喝了酒回家，突然对她说"你的内衣坏了，要不要去买一件"，并且提出一起陪柔柔去买。父亲突然用手摸柔柔胸部，并且询问她内衣的尺寸，柔柔本能地躲避。

高一时，父亲喝醉酒，从柔柔背后侵犯柔柔胸部，她遭受父亲的第二次骚扰。之后的一个晚上，同样是在喝了酒的状态下，父亲从窗户爬入，用手抚摸柔柔腿部，柔柔惊醒，激烈抵抗。柔柔用头猛烈撞击墙壁，想一死了之，父亲关好了房间的窗户之后离开。

当晚，柔柔离家出走，凌晨被母亲寻回。

上周柔柔收到父亲的短信，"昨晚我梦到和你做爱了"。

自从受到父亲的骚扰后，柔柔觉得没有什么地方是安全的，随时担心父亲会从窗户钻进来，晚上睡不好，白天没有精神，精神恍惚，学业成绩退步，开朗阳光的柔柔现在愁眉苦脸……绝望、崩溃。

(6) 强迫性障碍

强迫性障碍，以反复出现强迫观念为基本特征的一类神经症性障碍，强迫观念是以刻板形式反复进入患者意识领域的思想、表象或意向。这些思想、表象或意向对患者来说，是没有现实意义的、不必要的或多余的；患者意识到这些都是他自己的思想，很想摆脱，但又无能为力，因而感到十分苦恼。

强迫洗手的琼琼

"老师，我好像得了强迫症。我为什么这么的不幸，难道我的人生就要毁在这个奇怪的念头上吗？这样下去我肯定完蛋，请您一定要帮帮我！"这是我的邮箱里的一封信，写信的是一位初二的女生琼琼。

我们约好见面，琼琼说做梦都感觉自己的手有无数的细菌和病毒在蠕动，只要想到细菌，她就必须用水清洗，才能心神安宁。一到下课时间就去厕所边的水龙头清洗脏手，一天几十次，天寒地冻的时候，她也洗，手很粗糙，都流血了，还要洗。老师和同学看到也特别心疼。

同时她也感觉自己的课桌和椅子上也有无数的微生物在繁衍，每次离开位置，都得花三包餐巾纸擦洗，才敢坐下去。回到家里，琼琼得先擦洗自己的书桌，一次都近半个小时，才能安心坐下。

这让她无法安心学习，有时强迫自己不要想，可脑袋偏偏和自己做对，细菌蠕动的画面挥之不去。

这是典型的强迫症。通过行为疗法，过了一年以后，琼琼的病情好转。

按精神分析理论，心理问题都有童年创伤的经历，一定要用很长的时间慢慢地复原，不像感冒吃一下药就会好。我们能做的就是在关键的时间点，家长不要犯错误，老师不要犯错误。以人格发展为第一要务，着眼于发展的关键期，务必要抓好危机的预防。

(7) 偷窃癖

偷窃癖属于意志控制障碍范畴的精神障碍。其表现是反复出现的、无法自制的偷窃行为，虽屡遭惩罚而难于改正，这种偷窃不是为了谋取经济利益，也不具有其他明确目的，纯粹是出于无法抗拒的内心冲动。

在我的辅导个案中有这样一个女孩子。两岁的时候父母离异，她和父亲一起生活，父亲对她很疼爱，父女的感情也较好。六岁，父亲又结婚，后妈对她态度挺好；八岁后妈又生了一个小妹妹，父亲、后妈对小妹妹很疼爱，她感觉到自己被冷落了。

她父亲说，她四岁的时候开始尿床，到现在九岁还经常尿床；平时吃饭的时候经常把饭含在嘴里，吃得特别慢；做作业时候注意力不集中；从四岁一直想要拿别人的东西。父亲打过她，她当面认错，发誓不拿别人的东西，多次写了保证书，可是没有任何效果。还是一如既往地喜欢拿别人的东西。

偷窃癖属于意识控制范畴的精神障碍，其表现是反复出现无法自制的偷窃行为，虽屡遭惩罚而难以改正，这种偷窃不是为了谋取经济利益，也不具有其他明确的目的，纯粹是出于无法抗拒的内心冲动。面对家长和老师的反复批评处罚，每一次孩子都感觉错了，发誓不再拿了，但是过后仍然我行我素，这就是所谓的前期接受、坚决不改。

此种行为障碍，女性多于男性，一般从四五岁开始，初期都被家人忽视，等上学以后听到老师的反映才感到问题的严重性。其实如果管过住校生，特别是女生，就会知道一些小东西被偷的事情经常发生。

从"教育"到"辅导"
——心理健康教育视野下的德育工作

二、童年心灵创伤影响孩子的一生

这是一位远方的听过我讲座的老师发给我一条长微信。

在我们还小的时候,家里遭了很大的变故,四处欠债。姐姐被迫辍学,后来她早早成家了,生了个小女孩。姐姐便强迫自己挣钱,一时一刻都不能闲下来,在外人眼里,她很能干,可是只有她自己知道,停下来就会慌张。

小女孩刚周岁时,姐姐和姐夫外出打工,把孩子丢在了家里,后来带在身边也是很紧张地生活,再过几年,姐姐生了男孩子,主要精力用于照顾弟弟。作为姐姐的小女孩的确陪得更少了。

2008年孩子的爸爸意外去世,过了三年,姐姐改嫁。继父家有一个男孩,无论吃什么孩子们都要相互抢,为此我们都很烦恼。

三年前姐姐在集镇上帮别人看生意,带着这小女孩一起过去玩,结果人家老板丢了200元。从老板家装的摄像头里看到,她拿的时候竟然一点都不慌张,当时一家人都崩溃了。以前她也偷过她妈妈的钱,只是被认当作小孩淘气。

2014年她转学到我们学校,我没敢让她住寝室,怕她管不住自己,她和她表哥租房住。结果她多次趁哥哥不在屋,门未锁,就去掏零钱,后来被我打了一顿,又说不敢了。

初二时,她表哥不愿和她租房子住,我只能将其安排住在学生寝室,千叮咛万嘱咐,叫她不要摸别人的东西。

可上周六，10月10日晚上她没有回家，我还去寝室看她，在我离开后一个小时，她就去隔壁寝室了。反复出入好几趟，拿了别人的台灯、手表等东西，周日到我家吃饭就像什么都没发生过一样。今天丢东西的学生报告老师，查看监控才发现是她。

不瞒您说，家里无论是亲戚还是朋友都很不喜欢她，事已至此，姐姐崩溃了，不想让她上学了，现在真的不知道怎么给她治疗？到什么样的机构去治？

留守、父亡、母再婚、家不和、被人怀疑为小偷、偷窃癖……孩子的成长过程，每走一步都不温暖，都有创伤，伤痕累累……

这就是儿童的心灵创伤！

1. 童年心灵创伤简述

童年创伤指的是童年时被人为而非意外造成的不恰当对待，包括各种形式的身体虐待、言语或非言语造成的心灵虐待、不顾忌当事人的成长需要造成的心灵损伤、目睹虐待或暴力事件、长期或极端地被忽略和遗弃、情绪不被接纳、情绪长期受控于他人，等等。

童话大师安徒生也曾是儿童心灵创伤的直接受害者，安徒生一生中曾多次萌生过对女人的爱。从25~38岁，每两三年他都会爱上一个女人，她们在年龄上大多比安徒生小10~15岁左右，在出身、教养和外貌上都非同一般。丹麦皇家剧院院长乔纳斯·科林的女儿18岁的路易丝·科林、著名丹麦物理学家奥斯特的女儿16岁的索菲·奥斯特、"瑞典的夜莺"23岁的瑞典女歌唱家珍妮·林德……

安徒生可说是个浪漫的男人，可为什么这样一个男人却一直到老都孤身一人呢？安徒生自己认为：一是因为相貌丑；二是因为穷。

安徒生的日记和书信中说过：由于我长得丑并且将永远贫穷，谁也不会愿意嫁给我。如果我长得漂亮，或者有钱，又有一小间像样的办公室，那我就会结婚成家。而其实他内心深处一直都害怕女性，觉得女人不干净，很恐怖。

这个想法源于他与祖母在方济各会济贫院的一次经历。

方济各会济贫院是精神病人收容所，他祖母就在那里干活。有时把孙子带进围墙里面去，在那里不伤害人的精神病患者可以自由走动。近距离看见那些精神失常的人，使他既兴奋又害怕。

有一次，他冒险走进通往关着危险病人房间的走廊。透过一扇门上的裂缝，他看见一个一丝不挂的女人坐在一堆草上，头发散乱地披在双肩上，在大声唱着什么。

突然，她站起来，随着一声狂叫冲向他正在后面观望的那扇门。门是锁着的，但送食物的小窗突然打开了，从中伸出她的一只手臂，伸向了这个受惊的小男孩。等护理病人的护士赶来时，他已被吓得半死。

一个成年女人的肉体的替代物——可怕的裸体疯女人，在他心里埋下了恐惧的种子。

弗洛伊德认为各种神经症几乎无一例外的可追溯到儿童时期的创伤经历。这一论断引起人们对童年创伤经历的重视。国外相关研究也发现，童年创伤经历和青少年各种精神障碍高度相关，特别是忧郁情绪。童年期的创伤经历是忧郁症发作的易患因素。童年时期经历创伤的青少年表现抑郁、焦虑、学习成绩下降、社会退缩和自杀等。童年期的创伤特别是情感虐待和情感忽视与忧郁症、惊恐发作密切相关。

（1）微小心理创伤

在个人生活中，造成失去自信心或自尊心等事件按经验可以归类为微小心理创伤，不是创伤事件微不足道，而是创伤隐藏于生活中。

被同学嘲笑

在教室里尿裤子

发言时语塞

迷路

看到群架受惊吓

被孤立

……

男生小强小学时上课忽然尿急，很想去洗手间，可是天生性格胆小，向老师报告的时候说话声很小，老师可能没听到。于是他不知自己该怎么办了，也不敢说话了，最后，竟然尿湿了裤子。被同桌发现，全班一下子笑了起来。当时老师只是制止了大家的哄笑，然后略带嫌弃地对他说，给你妈打个电话回家换裤子去。

这件事给年幼的他心灵里埋下了一颗炸弹。从此，对于外部世界他都采取躲避和抵触的态度，能让他发泄的就是撕纸，渐渐地发展到摘花、偷着毁坏别人的东西，最后是虐待动物。

(2) 重大心理创伤

创伤能动摇并冲击个人的人生观、价值观。可引起噩梦、记忆重现、不安、恐惧、逃避等创伤后应激障碍症状的不寻常的重大事件为重大心理创伤。

幼年性侵犯

战争

灾难

父母家暴

……

小蓝6岁时候，在老家被堂哥冬子带到树林里，说是要送她一只小鸟。冬子平时对她很好，和他在一起她也有安全感，所以她没有拒绝。只记得，后来在大树底下，他脱了她的裤子，摸她的下身，她感觉有点痛。她不知道这是不能做的事，也没有告诉家里人。后来在同一个地方她被堂哥用生殖器侵犯了好几次。

对于这件事，长大了她才明白是什么，这事严重影响了她的恋爱。

她觉得自己已经不干净了，对男人这种生物始终保持远观状态，就算暗恋的男生向她示好，她最终也没法回应。

直到现在小蓝还没有男朋友，身边的男人哪怕是长辈，对她好一些，她都觉得人家不怀好意。

28岁的她，有体面的工作、稳定的收入，出有车，住有房。但是小时候的这件事，困扰了她二十几年。

2. 童年心灵创伤的具体表现

创伤的严重程度不一，产生的后果也不一样，一部分受害者可以在没有专业人员帮助的情况下自行消化其创伤；另外一部分人会因此而产生心理障碍，这类创伤就像难以愈合的躯体创伤一样，年复一年，衍生出各种痛苦，明显影响当事人的社会功能，降低其生活质量。

(1) 闪回

创伤情景在头脑中强迫性再现，包括视觉、声音、气味、触觉等感官的重现，并引起强烈的生理和情绪反应。这种闪回有时候以噩梦的形式出现。

(2) 回避反应

努力回避与创伤有关的观念或记忆，回避可能引起创伤记忆的人、场景或活动。不能回忆创伤事件的某些情景。情感冷漠，人际疏远，对未来失去向往。

(3) 警觉性增高

难以入睡或易醒，易激怒，注意力难以集中，过分警觉，惊跳反应。

创伤无论大小，当时经历的画面、身体感觉、气味、声音和当时的想法都被原封不动地储存起来。孩子可能忘记了那是一件什么事，但是记住了不良刺激带来的情绪和感受。这种感觉可能是非常深的，而且会持续很长时间。小时候的心理创伤没有处理好的话，长大后就会潜伏下来，演变为各种各样的症状。大部分抑郁症、神经分裂症、心理障碍、人格障碍都与童年的创伤经历有关，其中很多症状甚至直接是由童年创伤造成的。

研究证实，童年期有性虐待史的人群，被认为更容易出现抑郁、焦虑、惊恐等。童年时期经历创伤的青少年大多表现为抑郁、焦虑、学习成绩下降、社会退缩和自杀等。童年期的创伤特别是情感虐待和情感忽视与忧郁症、惊恐发作密切相关。

以上种种问题，如果按常规的教育，收效甚微，有时还会引起孩子的抵触，对孩子造成二次伤害。教师或者家长如果长期用力过猛，可能使孩子离开学校，也可能离家出走……更严重的可能加重孩子的心理问题。

学校或老师能做的就是给孩子以心理扶持，成为孩子重要的心理支撑。我们的温暖，能让孩子在黑暗的世界里看到一些亮光，是提供他继续走下去的能量和方向。

我们能做的是识别孩子的情况，以专业的视角，给家长以建议，需要转介到专业的机构，应该提供专业支持。不要因为我们的无知，而耽误了孩子发展的关键期。

三、成长的烦恼困扰着青春的步伐

小小少年很少烦恼，

无忧无虑乐陶陶，

但有一天风波突起，

所有烦恼都到了，

一年一年时间飞跑，

小小少年在长高，

他的烦恼增加了。

这是六十年代生人，小时候唱过的歌。青春期的困惑就是成长的烦恼。青春期面临的最大问题，是性意识的觉醒和自我意识的觉醒，前段时间我无意中看到袁枚的这首小诗。

苔

白日不到处，

青春恰自来，

苔花如米小，

亦学牡丹开。

这里的青春不是生理上的青春，但不管孩子在黑龙江还是海南岛，孩子的青春，该来的都会来。青春期到底会发生什么呢？我在写这本书的时候，调查了部分高中学生，问学生青春是什么？

女生说：

青春是读不完的书；写不完的作业，考不完的试；

青春是飞翔的小鸟，却被学业捆绑了翅膀；

青春是拴不住的梦，却被校服扑灭了。

……

女生成就动机很强，哪怕再不想读书，但总牵挂着自己的使命。

男生说：

青春是和狐朋狗友鬼混，与一群女孩纠缠不清；

青春时穿帆布鞋是种态度，留长发事关面子；

青春是勃起的生殖器；

……

男生更多地体现了本我的色彩，以快乐为原则的行为特色，男生更需要给予正能量。

记得某晚报曾经追踪报道某职业中专的男生留长发的事情。政教处组织学生集体理发。因为我也曾长期担任政教处主任，这样的事情我也曾做过很多次。有的孩子直接告到了某教育局学生处，后来学生处也解决了这件事情。

青春期时生理和性成熟，自我意识发展。具体表现为思想偏激，行为冲动，情绪两极化明显。妄自尊大和妄自菲薄，依赖性和独立性并存着，好像很想离开家，但是他离开家一段时间，没有父母的关爱后，特别的孤单，又想家。台湾的心理学家吴丽娟认为家给孩子提供了翅膀和根，累了，可以回家，想飞了，就给他飞。反叛传统，标新立异，敢作敢为，患得患失，染黄头发的，穿破裤子的等都是这些孩子。

对成人闭锁，对同伴开放，这个时候生命中的重要他人已经从父母、老师转变为自己的同伴，或者是其他什么样的人。同样一句话，爸爸妈妈讲，不听；他认为是重要的人讲，马上就听进去了。

1. 青春途中的忧与愁

当女孩子出现月经初潮，当男孩子出现遗精，就真真切切地进入了青春期。孩子的个子一下子长高了，男孩子的胡须冒出，女孩子乳房开始发育。而心理的变化，会让你感觉到他（她）像变了一个人，让妈妈感觉孩子不再乖巧，父亲感觉孩子已经不那么贴心了，他（她）与爸爸妈妈渐行渐远。

（1）羞涩的乳房发育

乳房对于女性来说是十分重要的器官。在孕育后代的过程中，它起到哺乳的重要作用；从审美角度讲，它可塑造美丽、丰满的曲线。一般来讲，乳房在女性月经初潮之前几年即已开始发育，是最早出现的第二性征，也是女孩青春期开始的标志。

对于乳房发育，很多女性会产生各种误区。很多女孩经常会因为自己发育的乳房感到害羞、烦恼，并刻意通过穿紧身束胸的衣服、走路时低头含胸等方式掩饰自己，逃避他人的目光。

一高二女生，身高169厘米，明显高于班级其他同学。遗憾的是她严重的驼背。坐在咨询室的椅子上面，她显得特别焦虑，她说自己发育得早，五年级，11岁，就来月经，初二的时候，就165厘米，体重近100斤，乳房也开始发育，并且很快增大，完全像是一个大女人。

妈妈的朋友经常开她玩笑，说她女儿可以嫁人了，羞得她无地自容。而班里的其他女生还是那么小，还没来月经，乳房还没有发育，还是那么小鸟依人地和爸爸妈妈亲亲热热。她明显觉得自己与其他小女生有差别。但自己又不能摆脱掉这个学习的环境，还得与比她小很多的人在一起生活学习。

她恨死了她自己的高个子还有发育过早的乳房，以致她只能弯下腰与其他女生讲话。弯腰、束胸，才不至于让胸部太突出，并且她用布裹胸，即使大热天，衬衣里面还穿着厚厚的背心。

到了初三，家人和同学明显感觉到她有驼背的现象。

(2) 迷茫的月经初潮

在对小学的五年级六年级的孩子进行调查时发现，一半的女生都来月经了。城乡学校的有一点点的差别，但是到了小学五年级，基本上有三分之一到一半的孩子都会来月经。

温州地区女生的月经初潮是 12.4 虚岁。

月经初潮学生什么感觉？体验有很大的差别，城镇的孩子，有焦虑，但是问题不是特别大。我到农村学校调查的时候，发现很多留守儿童，对此认识差异极大。有一个孩子甚至说，老师，月经初潮的时，我以为是上火了，吃了七天的黄连片，才把它吃好。

那我们学生呢？到底什么时候月经初潮？当时的情绪怎么样呢？以下是我的一些走访记录：

十二岁，刚发现初潮来时很慌，没意识到这是青春期的到来，以为自己要死，不敢讲，偷偷隐瞒了，后来实在熬不住才告诉妈妈，妈妈解释以后帮助采取了一些措施。

十一岁，尿尿的时候看见内裤有血，就光着屁屁找妈妈，问妈妈什么东东，妈妈叫奶奶买卫生巾贴上，没说太多。

十二岁，吓了一大跳，大哭一场，心情很郁闷。

十二岁，当时我是住校生，凌晨两点突然肚子很痛，想小便，想叫同学一起去，可是同学叫不醒，于是一个人匆匆跑到厕所，一蹲下，一股东西流出来，然后发现全身是血。当时一下子就懵了，不知所措。中午回家，妈妈告诉我原因，才知道是怎么回事。

……

所以事前告知和事后让她一个人突然面对,孩子是不一样的一种心理状态。这应该要引起我们的重视,家长能够做什么,老师能够做什么,值得我们好好思考。

(3)困惑的遗精和手淫

前段时间有报道,某著名大学的一个课题组做了一个调查,95%的大学男生都有手淫,甚至75%的女生也有手淫。

在对男生的调查中,高二的学生被问及对遗精有什么感受的时候,写下了关键字:

疑惑、尴尬、潮湿、尿床、痛苦、淡定、心慌、迷茫、做梦、担心、恐惧、不舒服、毫无心理准备……

无意中收到一张照片,我看这个字写得这么好,至少是高中以上或者是大学日记里面的内容:

第一,睡觉:每天12点准时上床,在此之前半小时听力,早上7:30准时起床,刷牙、洗脸、吃饭、上自习,8点之前到自习室。

第二,自慰:每周两次,周二晚上和周五晚上,考试之前一天不自慰。

自慰对他来说多么重要,这个是一个很严谨的人,很认真负责的一个人,这是他生活的一部分,但是我们现在谁来关注这个事情?少吧。确实很少!

当然有的学校也做得挺好的。有一次从网络上发现一张图片,我已经保存下来好多年了,内容很好,像是学校生理课使用的,"正确认识正常的生理现象——遗精,每月遗精一次或稍多没有关系,平时不要玩弄生殖器"。

还有青春痘,好多的孩子被青春痘困扰,特别是那些爱臭美的孩子,这很正常啊,他想着这个什么东西,为什么怎么都治不好?

所以我提出来的这些问题都是我们要解决的一些问题。

(4) 梦想单飞的童年

我对某学校六年级的男生进行调查，"孩子最想对爸爸妈妈说的话"，以下是调查记录的一部分内容：

爸妈，我已经长大，可以自己照顾自己了。

爸妈，我已经长大，不需要你们关心，以后可以自己照顾自己的，你们不用担心。

爸爸，谢谢你，我已经长大，不要把我宠成小孩子。

谢谢爸爸妈妈，我已经长大。

爸妈，我已经不是小孩，请你们不要随便进入我的房间。

我已经长大了，不再是一只小鸟，我可以在天空飞翔，我可以独立思考。

所以我们有发现，小学五年级、六年级的时候，每天晚上孩子总是把门关起来，然后上锁，不让你进去。

我儿子小学二年级的时候，整天喜欢跟他妈妈一起睡，我说："儿子，你和妈妈一起睡，我睡在哪里啊？"儿子说："我跟我妈妈一起睡，你也跟你妈妈一起睡。"五年级以后他就把房门反锁起来了，不一样了。这是自我意识的增强，还有就是性意识的懵懂。

很奇怪啊，我也在这方面做了一个实际的调查，"渴望了解、接近异性"，（对男生的调查）"什么时候开始对异性有好感？当时有什么感觉？"

调查了一百二十个男同学（高二的），发现男生对异性的好感出乎异常的早，从五岁到十四岁，他们是这样写的："当时我五岁，她也五岁，很欣赏她，她挺漂亮的"。男孩子都写着"她挺漂亮的"，"她挺那个的哦"。

幼儿园，"感觉那个时候那个女孩子很美丽，想跟她在一起"；

一年级，"当时感觉她长得不错，不时地会看她"；

一年级，"班里一个女生很漂亮，想和她一起玩"；

五年级，"各方面很优秀，努力让自己变得和她一样优秀"；

五年级，"她在我前桌，每天会看她"；

五年级，"看她顺眼，脾气好"；

六年级"当时很想引起她的注意"；

六年级"她是班上一个优秀的女生，字写得十分秀气，并且她很纯洁，好像是一个不食人间烟火的人"。

我们再看看女生的调查结果，女生什么时候对男生有好感？当时有什么感觉？她们没有写漂亮或者帅气。

二年级，"觉得他很有安全感，每天和他打打闹闹，把妈妈给我买的零食——汉堡、薯条全部送给他，四年级的时候他转学了，我现在还记得他"；

五年级，当初大大咧咧地宣传自己喜欢某某人；

六年级，"突然觉得这个人不错，因为他学习不错，所以产生好感，并主动与他谈论"；

十四岁，"我觉得很复杂，他开心我也开心，他难过我也难过，和他在一起每天都快乐。其实这个快乐也有不高兴的时候嘛"；

初三，"高大的男生很潇洒，我觉得，暗恋这种东西实际上是美好的，有时候不能当情人也是挺好的选择。虽然有时候也有小小的痛苦，不过没有暗恋的日子怎么能叫青春呢？这是对异性的懵懂啊"。

你看，男生和女生的关注点不一样。

(5)被情困扰的日子

每个人都会经历情感，当我们还不能处理好它时，它便成为我们的困扰。那些被情困扰的日子里，我们可能会伤心、难过。也许这也是情感的一部分吧！换一个想法，也许就会出现新的晴空。

勇敢的表白

叶小强，你真懂还是假懂啊？我不是只喜欢五三班的人啊，我不是那种喜欢，是另一种！我是喜欢成绩较好的人，不过成绩不好，但心地善良、幽默的人也很让人喜欢呀！我老爸学习到初中也跟不上了，他只是说他小时候不适宜谈。我不是脚踏两只船的人，我说过喜欢谁就亲过谁。但叶小强我还是希望你努力学习。我亲你，是喜欢你，可我听别人说你喜欢我们班的＊＊（注：女孩子的名字），是真的吗？回信哦！但是我相信你怎样也会努力的，下午不用躲躲藏藏的，去村委会吧！重新开始。学习要紧哦！

易小真
2015 年 12 月 8 日

这是五年级的一个女孩子写给我们班男孩子的，字迹端正清秀，内容情深意切，还特别强调学习的重要性，尤其是最后还把"学习要紧哦！"加重大大地写了一遍；其实这个男孩子是我们班学习成绩最差的，常常在外面玩，但是一表人才，女孩子可能喜欢这一点，还主动亲了男孩子。这个女孩子我认识，很外向、很招摇，但没想到她如此情感丰富。

下面是一位职业高中女孩子在自我教育手册上的记录。

心灵深处的日记

9月17日，同学相处一些日子，总体感觉不错。

9月25日，我在这儿很害怕一个人，他是初中时的老同学，他对我说了不该说的话，我不想见到他，可是这个学校太小，每天让我见到好几次，这难道是缘吗？我不知道该如何面对他。

10月3日，这几天心情好多了，不会像以前那样胡思乱想了，10

月1日时我没有与他一起玩，只是在电话里与他聊天，他对我说 love 我，我不信，那全是假的，因为他以前交的朋友是我的同学，也可以说是我的好朋友，不过她现在不在这里……我正经跟他说了几次，我们不可能有结果，最多只有几个月，他说起码有三年，我也不知道，说也说不清，我好想有一位特别神奇的人能让我解决问题，能让我不再去想这事……

10月14日，这几天上课比以前认真，但一下课脑子乱七八糟，电工学又听不懂，满脑子都是他说的话，爱与不爱，处与不处……，说真的内心深处渴望有爱，可我怕，怕老师、怕同学、怕……

我该怎么办？

（6）爱做性梦的青春

小A同学（女）：我最近只要在电视或小说中看到男女之间亲密接触的画面后，一整天我就会经常想这个画面，有时候我还会成为画面的主角，我很烦恼。我想知道一些具体的方法，帮助我调适我的性想象。

小B同学（男）：进入高中后，我特别爱看一些与性爱有关的VCR和小说，最近白天我会花很多时间在性想象上，有时候还会因为这些想象而无法入睡。我想知道如何调适青春期性想象，如何将我旺盛的精力转化为积极的动力。请你告诉我一些具体的方法。

性幻想又称为"性想象"，是一种含有性内容的虚构想象。对人类而言，性幻想是普遍存在的，青春期又是性幻想的活跃时期。

进入青春期，由于生理发展，性发育成熟，性激素达到一定程度，性欲使人自然地萌发各种性想象。对性的好奇和追求使得青少年对异性的爱慕十分强烈，但这种性冲动无法通过其他性行为来释放，这样便把自己曾在书籍、影视及网络中所看到的两性镜头，经过大脑重新组合、加工，假想成有自己参与的性过程。

学生获取性知识的渠道往往是同龄的朋友、网络、黄色书刊和碟片，而通过父母和老师处获得的不到十分之一，不恰当渠道得到的性知识很多时候是不全面或者是不正确的。

性幻想作为青春期少年排解性冲动的一种方式，可以宣泄内心的压抑，对心理冲突有平息和抚慰的积极作用，对人类性心理的发展也具有一定的积极作用。所以教师应该通过青春期性心理辅导主题"性幻想"的辅导，帮助学生认识青春期性幻想的特点，消除学生对性幻想的神秘感和自责自罪心理，学会坦然面对青春期性幻想，引导学生学会正确对待青春期旺盛的性能量，将之转化为积极的动力。

2. 青春路上的伤和痛

某女干部，四十多岁，电话里问我有没有时间帮她。她儿子初二的时候成绩特别好，是完全可以上重点高中的成绩，就在这时候，孩子喜欢上了一个女生，那个女生的成绩也非常好，两个人感情也挺好的。但双方的家长都进行了干涉，反对他们交往。到了初三两人的感情还是很好，中考他们顺利考上了某重点中学。

男孩子的爸爸非常反对，把男孩子转学去了省城一所也比较好的中学。男孩子在省城读了半年，回老家了，不愿意继续读下去了。

父亲妥协了，让他在老家读书，孩子坚决不到学校，休学半年多了……白天睡觉，晚上上网，什么时间吃饭也不知道。妈妈说她早上起来到自家小区的面店，打包，挂在门把上，他什么时候吃了也不知道

……

（1）从虚拟网恋到现实私奔

某小学六年级女生，家庭条件一般，成绩不怎么好。小学五年级

开始，就经常去网吧上网了。认识了一个贵州男孩子，职校毕业后在温州打工，小男生给予了女孩子一点温暖。秋风起时给女生寄去了一条棉裤和手套，男孩子告诉她，如果你上学不开心就跟我一起。女孩子说得考虑考虑，说自己得上学，有爸爸妈妈在，不能随便跟他走。

半年来，爸爸妈妈对她的关心关注不多，她自己的学习成绩不好，同学关系一般，老师对她关爱不够，也没有归属感，她感觉自己彻底地孤单了。到了夏初，她就在QQ留言，说自己愿意跟他走，周三下午五点就坐车走。男孩子坐着三轮车，从学校把她接走，去寻找他们的"大理国"去了。

学校找、家里找，没有任何线索。调出学校的监控，才知道一个小男生坐着三轮车把她带走了。

也有同学在QQ上联系到她，她不说在什么地方。一个13岁的小女孩跟着一个19岁的大男孩远走高飞了。

（2）从美妙相恋到绝望自杀

某校长跟我说起，一个女孩子在网络上认识一个中原地带的男孩子，然后男孩子喜欢她要跟她结婚。

10月1日，假期，男孩从郑州千里迢迢来看她，说就要跟她结婚，但是女孩子发现男孩的家庭不怎么好，自己的人生目标不清晰，想跟他分手。

可分手那么容易啊，男孩不同意，一直缠着她，女孩子被缠得实在没有办法，也不向朋友寻求帮助。

女孩家里是种西瓜的，家里存有农药百草枯，就把百草枯就带到学校来。10月1日那天，女孩子随身带了一瓶百草枯去见男孩子。

他们约在一个山坡上，眺望县城，此时万家灯火的。女孩子说，我不可能跟你，我们分手吧，你也死心吧。男孩子说你要是和我分手，我就一直缠着你，我也会到你家找你。

女孩子说:"你要是这样做,我就死给你看!"从书包里掏出百草枯,喝下去了。男孩子慌了,当场就把她送往某人民医院。医生说没有什么救治的希望。然后就送去了温州二医,医生说小孩子命大,可能是之前喝过酸奶,对胃有保护作用。住了一个月花了八万多了,面部许多神经肌肉都死掉了。

某高中,一个男孩子很喜欢一个女孩子,女孩子有点不喜欢他。一个星期天下午在江边上,女孩子说你喜欢我的话就从这里跳下去,然后男孩子就"嘭"一下跳下去了,一般跳下去都不会死,水不怎么深,但是这个男孩子不会游泳,就这么死了。

(3)从闺中密友到同性骚扰

曾有某校政教主任向我说了一件事。

女生小丽向学校寻求帮助,说她班女生赵萌萌给她生活造成了严重的困扰。赵萌萌是一位外表很像男生的女孩,短发,运动装,圆脸,健壮,打跆拳道,豪爽,朋友多。高一时,她对小丽非常照顾,到公园,去野外,玩得特别开心,两人留下了很多美好的记忆。赵萌萌有一点高兴的事都与小丽分享,也成为柔弱小丽的依靠,小丽对她感激不尽。

到了高二,小丽发现赵萌萌有严重的占有欲,就好像是她的恋人一样,只要小丽与班里的男生说一句话,赵都要干涉。有一次还查她手机的通话记录和信息来往,小丽忍无可忍,但还是忍了下来。

最近,只要是周末,赵萌萌就不让小丽回家,因为赵萌萌要小丽陪她睡觉,一上床,就开始抚摸她,小丽感到恶心,于是向学校求助。

(4)从乖乖少女到未婚当妈

冬至后一天,某校高中部,晚自修结束后,一位女生肚子痛,寝

从"教育"到"辅导"
——心理健康教育视野下的德育工作

室长和班长把她送到医务室,医师把她的衣服拉起来,肚子很大,一摸肚子里面有个孩子,马上要生了!把她送到镇上的卫生院。第二天,就生了一个六斤半的男孩。

为什么别人都没有看出来?因为这个女孩子平时很乖,长得比较胖,冬天穿校服人家就一点都没有怀疑。八个同学朝夕相处,班主任老师还是很有名气的好班主任,人称"名模",但就是没有发现她的问题。

女生遇到事情没有和人商量,没有和别人讲,刚开始不知道怎么面对,后来就无法面对了……

无独有偶,在网络上说,某某学校高一女生,人家都去上课了,她在寝室的洗手间里生孩子,孩子生下来以后,用手把脐带扯断,流血过多,最后孩子和母亲都死了……

……

关于青春期问题,2015年的三月份,我采用青春期性心理健康自查量表和自编的量表,对某市三所典型的高中做了一些调查,调查的内容包括高中生的性认知,性价值观,性适应,青春期和青春期教育情况,共调查了470名学生。其中男生222名,女生248名。

统计的结果有以下特点。

第一,性生理发育提前,性知识储备不足。本次调查发现,男生遗精的年龄12~15岁,平均年龄是13.6岁,女孩子月经初潮集中12~13岁,平均年龄12.4岁。女生的性成熟年龄早男孩子1.2岁,这个数据跟我们平时看到的差不多,但稍有提早。

34.7%男孩子不知道遗精是生殖器发育成熟的标记,也就是他们不知道遗精了就是男性生殖器发育成熟了,可以做爸爸了。35.3%的女孩子不知道月经来了是女性生殖器发育成熟的标志。我调查的是高二的学生,不是月经初潮的时间段,我觉得有必要在月经初潮的时候就告诉她们,这时候她们是可以做妈妈的了,要好好保护自己,而这些高二的学生是不知道的。

在问卷中10.8%的女孩子不知道在初潮的时候就具有了生育能力，31.4%的女孩子知道月经初潮是生殖器的成熟，10.8%的女孩子不知道是怎么回事。而这是高二学生该知道的，他们并不是初二的学生了。关于避孕方面的事情，40.7%的女孩子不知道月经不来是怀孕的标志之一，20.4%的学生认为怀孕的标志是肚子变大，要不就是变迟了。所以我们也会经常听到某某学校某某中学的学生肚子疼起来了，到了医务室才知道要生孩子了。

第二，性知识获取不全，性教育的方式不认同。大多数孩子青春期获取性知识的途径就是影视、报刊。只有14%的学生回答性知识的获取来自学校，6.3%的学生称父母的性教育对自己有影响，47.3%则反映获取性知识来自网络和同伴。

网络大家都知道，一般上网百度下就可以知道你想知道的所有内容，但是我们都知道，百度来的信息有多少是真的，有多少是假的，这个是真的搞不清楚的。网络有很多信息是不正确的，还有学校的性教育也难以叫人认同，所以这一切提醒我们"同伴是性教育的突破口"，要重视同伴式教育的影响。

第三，性价值多元，性态度观念发生偏差。65%的学生对异性充满好奇，这些都不奇怪，14.6%有网恋等，6.2%的学生发生过性行为，这个数据是预估的，我估计有的孩子没讲。我们曾在某市区做了一些调查，家庭乱伦的、继父骚扰的，各种情况都有。我也发现职业学校的女生好多都跟校外的某某人发生过性关系；重点高中，所谓的好学校的小女生很清纯的，但第一次性行为完全没有性保护的占百分之百。发生性关系的百分百家里都不知道的，这和张默的《放在书包里的红玫瑰》一书中的结论是一样的，所以这些问题都告诉我们应该进行性教育。我们在做性教育的时候，如果青春期的这些问题没有好好解决，以后都会是有大问题的。

从"教育"到"辅导"
——心理健康教育视野下的德育工作

四、师源性心理伤害依然严重存在

哈佛大学教育学院博士、美国教育咨询师柯尔斯滕·奥尔森有本著作《学校会伤人》，在这本有争议的新著中，柯尔斯滕·奥尔森揭示了某种教育方式的灾难性后果，这种教育鼓励从众统一，而不重视创造力的价值，抹杀学生们的兴趣，无视学习者的多样性。常常给很多学习者造成羞辱，降低他们的能力并使他们感到厌烦。

最重要的是，她给我们展示了受伤的学习者们如何疗伤的经验，并且指出，教师、家长和学生们现在就可以行动起来，帮助他们自己保持健康状态。

我把由于教师对学生采取了不恰当的教育行为，从而导致学生产生的心理问题和心理疾病，称作师源性心理障碍。心理问题包括自卑、退缩、厌学、紧张、焦虑、恐惧等，心理疾病包括学校恐惧症、神经症、反应性精神病等。

教师不恰当教育行为的类型主要有如下几种：

冷漠和疏远，无视建立良好师生关系的重要性，缺乏工作热情和人性关怀，对学生不冷不热、不闻不问，冷漠感和疏远感。有时候你对太调皮捣蛋的孩子，冷处理也并不是不可以。如果冷漠成为你的常态，那是有问题的。

功利行为，根据自己的喜好，对学生采取不同的对待方式，即片面地关注一些学生，有意地忽视另一些学生的行为。包括孩子的家庭背景、经济条件、学业成绩等。

贬低、侮辱行为，在批评学生的过程中，因多次说服教育不能奏效，于是失去耐心，以种种神圣的理由，心安理得地公然贬低、侮辱学生的人格，无限放大，无限"过去"，以偏概全。

体罚及变相体罚行为，教师以暴力的方法或以暴力相威胁，或以其他强制性手段来制止和预防学生某些不良做法，直接或间接伤害学生身体的行为。

当下的教育生态下，你看到或看不到，伤害就在那里。有数据表明，不爱上学，害怕老师，在学校感到不快乐的学生，竟然占到了半数之多。给学生心理造成伤害的老师，大部分主观愿望是良好的。师源性的心理障碍的危害是隐形的，但对学生的危害是长期的。

美国心理学家斯波尔丁研究发现，教师采用惩罚手段会增加学生的焦虑感。华尔伯格和安德森在对美国2000多名高中学生的研究中发现，专断型教师会使学生产生较高水平的挫折，对教师表现出一定程度的反感，学习气氛低落，学习绩效明显下降。

1. 无意的疏忽也是一种伤害

收到学生来信，信中说自己是财会专业的，名叫黄××，说自己作为一名学生很失败，班主任老师一点都不理解他，看不起他，尤其是他每次的《自我教育手册》认真填写交上去，老师批阅后发下来，看着别的同学册子里班主任老师的建议写得满满的，而唯独他自己的只打"√"或者写一个"阅"字，所以他一点也不喜欢班主任老师，更不喜欢班主任老师的课。他还说自己从小学到现在对每一位老师都尊敬、敬佩，唯独对班主任老师充满了"恨"，他问我为什么一个老师对学生总会有偏见……

同一天，收到该班另外一位女生的信，说的也是师生关系的问

从"教育"到"辅导"
——心理健康教育视野下的德育工作

题。她说从今年开学初她就不喜欢英语课,因为她不喜欢英语老师,时时感到老师的眼神寒气逼人。去年期末考她考了 87 分,今年开学上第一节英语课时,老师把试卷发给她们,后来老师表扬了同样是 87 分的杨同学,而同样努力学习、同样考 87 分的她,老师没有表扬,提都没提,也问我为什么老师对学生总会有偏见……

两封信说了两件事,在外人看来都是小事,都是老师无意或有意疏忽筑成了师生之间一垛难以逾越的心灵篱笆墙,导致师生关系的隔阂。人格心理学家马斯洛提出需要层次理论学说,阐述了人的需要从低层次往高层次发展,中专生也不例外,他们迫切需要自己在群体中的重要感、尊重感,只有这样才会有成就体验、顶峰体验,才能健康成长。为人师者千万不能疏忽细节,切记"无意的疏忽也是一种伤害"。

某幼儿园的公开课,有个很优秀的老师,教学生做游戏。平时发言不积极不活跃的,老师就不给他发言的机会,放在了旁边,不理他们。我认为这对那些学生真的是很大的打击。

我也曾经发现有一个老师在上公开课的时候,学生做游戏,点孩子 1、2、3、4、5、6,然后 15、14、13,一直到 8、9、6,就剩一个 7,就让他一个人待在那里。左边数过来数到 6,右边数过来数到 8,就一个 7 单独放在那里,听课的老师实在听不下去,就问小朋友你要不要做呀,他那时候有些犹豫,后来听课老师就把他推了上去。

他真的参与了,虽然动作有点稚嫩,但是他参与了。他要是长期这种待遇,就没有了归属感和安全感。

一个成都男孩跳楼前,在五年级上册语文书里写着"老师我做不到,我好几次脚迈出去又缩回来了"。据说是他犯错了,老师让他写 1000 字的检查或者罚站 1 小时。还有一个未能证实的说法是,老师曾说"写不到 1000 字就去跳楼"。

所以在我们现实的教育生活中,反教育的行为经常存在。

我清楚地记得，有天上午，温和平到我的办公室，身边还带着一位个子不高的女孩子，有点面熟，想不起来是谁，大概是我校以前的毕业生。温和平在我们学校读书时我当过半年的班主任。

两年不见，现在的他显得特别阳光，待人接物，为人处世，与以前相比较成熟老练多了，简直是判若两人。他说是因为自己当过班长的原因。看来当领导的除了折磨人还会锻炼人！

他找我的要求非常简单，就是要我帮助盖章，说自己曾经在母校做过社会调查。

……

温和平要走了，出于礼貌，我问了他身边的那个女孩子是哪个学校的。女孩子说得很淡漠："老师你忘记了，我是某某班转学到你们财会班的，到你班的第一天，就被你骂得狗血喷头，你说我和一个男生拥抱接吻，那是无中生有呀。"看她那么急于表白，大概是憋了几年了吧！

这个女孩子也真是的！一点也没有人情味，一点都不给我留面子。那是我教师生涯中最尴尬的一次，旁边的温和平，使劲地使眼神，暗示她不要说了。

难堪过后，我突然清醒，对那个女孩子说："我确实想不起你是谁，也忘记了你所说的那件事。如果确实正如你所说那样，我向你说声抱歉。"那个女生没有说什么，温和平一脸歉意地走了。

2. 师生冲突的心灵伤害

在我的手机中一直留着一个短信息，这个信息内容是："那件事我想向您解释一下，我本来当天就想去您办公室，向你解释的，不过我没有这个勇气……我想说，我的良心还在，狼狗在外面昼夜不停地等待着，可是它们始终无法叼走我的良心！"

从"教育"到"辅导"
——心理健康教育视野下的德育工作

这是一个高三的学生,名叫黄小明,在晚上十一点钟时发给我的一个短信息。只要你见到他,他给你的第一印象就是在社会上混的感觉,因为他留着一个很奇怪的发型,额头的几束长发从两边分开,架在两个耳朵上一直向后延伸,足有两尺长,中间部位还染成了红色。其实就是这位学生,上个学期在机房与高二年级一个学生因为话不投机而打架被学校处分过。

关于头发之事,在这之前政教处缪老师已经找其谈话,要求其把头发理掉,但该学生"谦虚接受,坚决不改"。

星期三下午第二节课间,我坐在政教处办公室,黄小明刚好经过门口。我把他请到办公室要求其马上理发,他说好,马上理。我怕他又会像前几次一样溜之大吉,给他十元钱,他去理了。

下班时间到了,我经过校门口传达室,发现黄小明理好发在传达室,我看见他,而他没有发现我,他正在与保安说:"……×××,他叫我理,我就得理,'你爸'今天理成这个样子,看他满意不满意,我去给他看了!"

我听到这儿,气得肺都炸了,拉下脸吼着"你这小子,良心给狗咬去了,你永远也长不大!"听到我的说话,他脸一下红到了耳根,低着头慢慢地走开了。

之后他没有来找我。再过一个星期,是受处分学生座谈会,我在会上讲起了这个事,还是说了:"良心被狗咬去了……"

当天晚上我值夜班,晚上十一点收到短信息:"林校长,有空吗?我想与你谈谈……"我回了短信息:"你是谁,夜深了,明天谈好吗?"他发过来说:"我是黄小明。"

此时我心有点虚,因为这时我意识到我前后两次伤害了他,我知道该生电脑成绩不错,马上发回了一条信息:"周老师说只要你努力,可以考上大学的。"

然后他发过来一条前文的那个短信息,从这句话里我感觉到这个学生在恨我……

收到短信息的当天晚上，我辗转反侧、难以入眠，一直想着如果播种仇恨会收获什么呢？

希腊神话故事中的大力士海格力斯，走在路上，看见脚边有个鼓起像袋子样的东西，便踩了一脚，那东西一下子成倍成倍地加大，他顺手操起一根木棒砸，那东西一直膨胀，道路也堵死了。海格力斯正在纳闷，一位圣者走到海格力斯跟前说：朋友，它叫仇恨袋，你不惹它，它便小如当初，你惹侵犯它，就会膨胀起来与你敌对到底。

仇恨正如海格力斯所遇到的这个袋子，开始很小，如果你忽略了它，它就会自然消失，如果你与它过不去，加恨与它，它就会加倍地报复。师生之间的冲突会给学生造成巨大的伤害，所以我们不能忽略与学生的哪怕是微小的冲突。教育中播撒爱的种子，才会收获爱的果实。

3. 有意的伤害是一种犯罪

一名年轻的幼儿园女教师，双手拎着一名小男孩的双耳，将其双脚提离地面约十厘米。照片中，孩子的耳朵被扯得变形，表情痛苦，张着嘴巴哇哇大哭，而这名年轻女教师却一脸欢笑。

她将公然体罚学生的照片发在微博上，放在QQ空间里面。有将孩子扔进垃圾桶的，有用宽胶带封住孩子嘴巴的，还有罚站、悬空爬桌子、头顶簸箕以及男孩女孩互相亲吻、跳舞时被脱掉裤子等照片。

女教师颜某出于寻求刺激、好玩取乐的动机，疯狂虐待儿童，这样的劣行令人发指……

某学校，新老师，对那些苦口婆心，讲了还是天天迟到的学生，就罚跑步。跑步就跑步呗，对于二年级的孩子也没有什么关系，可是她偏还要加一条，边跑步边脱裤子，孩子的短裤都露出来了。这样的

从"教育"到"辅导"
——心理健康教育视野下的德育工作

照片传上微博，凤凰网就把它放在首页，于是，该教师就出名了。

某小学五年级学生开开，他的学业成绩在班里名列前茅，人缘也好，是老师眼里的好学生，同学眼里的好伙伴。

有一次班主任布置家庭作业，要求把某篇文章抄写两遍，次日早晨上交。开开到家就抄写，直抄到凌晨一点，开开的爸爸说："孩子，你肯定听错了。"开开说："是对的，没错。"自己从读书以后，开开从未曾不完成作业过，直到凌晨一点十五分才抄完。

第二天上课，班主任问："昨天布置的作业有谁完成了?"教室只有两人举手，一个是他，一个是女孩子。班主任笑笑说："谁做完了，谁是二百五。"开开一阵恶心，头昏眼花，他感觉自己受到了愚弄。从此以后，开开变了，不再认真作业，认真考试，学业一塌糊涂，休学一年……

学生是"人"，平等地对待学生，尊重爱护学生。教师无意的行为都可能伤害学生，有意的伤害更不能容忍。

师源性心理障碍产生的原因可能是教师自身的心理健康水平以及教师对学生心理健康水平的认识不足，忽视学生的内心感受，强调严师出高徒，对学生采取以批评为主或简单粗暴的惩罚代替严格要求的教育方法。导致学生的一些小问题、小错误被无限放大……

第三部分

教师应该坚持的辅导理念

十一岁读小学的毕淑敏，有幸被音乐老师挑中参加"红五月"歌咏比赛的小合唱排练，在那么多的学生中能被挑中那是一件多么光荣的事啊！然而，接下来发生的事让人遗憾：先是因为她唱歌走调而被那个长辫子老师"斩钉截铁"地除了名，理由是"不能因为一颗老鼠屎而坏了一锅汤"。

随后发生了戏剧性转折，长辫子老师又将毕淑敏召回，理由是"小小年纪怎么长了这么高的个子，因为个子高只能站在中间，如果你下去了还得连累另一个男生也下去，人家招惹谁了，全叫你连累了。"长辫子老师的话让小小的毕淑敏深感无地自容。

排练开始了，长辫子老师又对毕淑敏提出了一个要求：只能干张嘴而不能发出任何声音！而且老师时时用食指笔直地挡在她的嘴唇之间，只要一听到什么不和谐的声音就把锥子般的目光投射到毕淑敏的身上……

从此，她遗下了再也不能唱歌的毛病，长辫子老师那竖起的食指犹如一道咒符，锁住了她的歌喉！于是，长辫子老师成了毕淑敏生命过程中的"重要他人"，因为不管是有意还是无意，长辫子老师都在毕淑敏的心中留下了惨痛的记忆。

孩子的心是敏感的，老师有意或无意的一个表情、一句话语、一种行为，可能都会在孩子心中留下深刻的记忆，你也许就成了孩子成长过程中的"重要他人"。希望"重要他人"带给孩子的是美好的回忆而不是惨痛的记忆！

这是著名作家毕淑敏在《心灵七游戏》中说的事。

台湾的心理辅导界有这样一句话，建筑师犯的错可以拆掉，医师所犯的错可以埋掉，助人者（包括父母、老师和辅导员），所给的爱和所犯的错，一天天地在长大。

从"教育"到"辅导"
——心理健康教育视野下的德育工作

一、生命中的重要他人决定学生的成长方向

人的一生，从小小幼年、懵懂少年、狂躁青春、不惑中年到耄耋老年，接触了形形色色的人，这中间大部分人注定会成为我们生命中的过客，也有许多人以独特的方式成为影响我们心灵发展和人格形成的重要力量，在相逢相识中，给我们留下重要的影响。有可能因为他，你重拾信心，走向光明大道；有可能因为他，你备受打击，从此成为一段梦魇，这些人就是我们生命中最重要的他人。

（一）长者给学生的爱(恨)天天在长大

精神分析学派创始人弗洛伊德认为性从生下来到死都一直贯穿着，弗洛伊德认为快感贯穿于人的一生。每一个阶段发展不好会对下一阶段的人格产生重大的影响。

0~1岁是口欲阶段，包括长牙前和长牙以后。长牙之前快感来自于唇、口、吸吮、吃手指。

像我小时候的那些孩子，爸爸妈妈在田地劳作，一个孩子就放在家里，整天躺在床上，他自己找快感就是吃手指头。把他的手指头从嘴巴里拔出来，整个手指头都是尖的，而且发白。

长牙以后快感主要来自咬牙、咬东西。

若提早断奶或未喂食母乳，则可能留下许多后遗症——"口腔性格"。口腔接受期(长牙前)酗酒、嗜烟、咬指甲、暴食；口腔攻击期

（长牙后）愤世嫉俗、冷酷、喜欢痛斥、讽刺、与人争辩。

1~3岁是肛欲阶段，就是忍受大小便和排泄大小便。有的孩子在大便，他不一次性拉完，他要慢慢拉，在慢慢拉的过程中慢慢体验快感。因为在这个肌肉的紧张中他体验到了一种快感。所以这个时期父母的关键是训练一种卫生的习惯。

肛门持有期：小孩学会囤积粪便，刺激肛门以为乐事。发展不良则易造成吝啬、顽固、洁癖性格。

肛门驱除期：小孩学会从排泄获得快感。发展不良会倾向情绪化、讽刺、具攻击性等破坏残忍性格，或不修边幅，伤风败俗。

外地某女老师在听完我的课后，给我邮件："……还有我家3岁多的儿子，总是憋大便，几乎每次都拉在裤子里，昨天不经意间也听到您说'肛欲期'，好像就是说我家小孩的情况，真的很感谢！"

3~6岁性器欲阶段，这个阶段的孩子已经能够分别性，会产生对异性的爱慕，对同性双亲的妒忌，发育不良则会出现自恋、自大、傲慢、过度自信和过度专注。这一时期特别需要异性双亲的关爱和同性双亲的榜样作用。

弗洛伊德认为，3~6岁的小男孩，他对妈妈会产生恋母情结，爸爸这个时候碰一下妈妈，他是坚决不同意的，但又不敢怎么样呀，怕爸爸伤害他，这就是阉割情结。

按照弗洛伊德的说法，他对爸爸有很深的矛盾，又要对爸爸好，又怕爸爸伤害他。恋母情结又叫俄狄浦斯情节，弗洛伊德把古希腊的神话拿过来说明恋母情结。

俄狄浦斯国的国王生了一个孩子，得到神谕，神告诉他：你这个孩子不能够把他养大，如果把他养大以后，他有可能会把你杀了，把她妈妈娶过去做老婆。

国王害怕了，就叫仆人把这个孩子杀死，仆人突然动了恻隐之心，没有把这个孩子杀死，把他放到荒郊野外，让他自生自灭。这个孩子没有碰到狼，碰到了猎人，猎人把他养育成人。

转眼间孩子长到21岁，有一天在路上走，碰到了一个长者，那个长者就是国王，他要到一个深山里面去请神谕。国王碰到了这个21岁的小伙子，两人因为一点小事发生纠纷，继而吵架，然后动刀。

这个21岁的小伙子把国王杀死了，也就是这个被猎人收养的孩子，国王的孩子。他成为国王，把国王的妻妾都变成为他的老婆，这个就叫做俄狄浦斯情结，又叫阉割情结。

女孩子这个时候的情结，叫做阳器羡慕，或者说是恋慕父亲的恋父情结。恋父情节由古希腊话说就是埃勒克特拉情结。

3~6岁女孩子跟爸爸挺好的，爸爸的小棉袄整天黏着爸爸，而男孩子跟妈妈特别的依恋。

6~12岁的儿童性倾向受到压抑，快感里主要是外部世界的生活。习惯发展不良则会成为性生活或者是压抑心理。6~12岁的孩子这个时候会克制自己对外部世界的兴趣。

青春期12~18岁。此阶段兴趣逐渐转向异性，幼年的性冲动复活，性生活继续着早期发展的途径进行着，发展不良则会出现异于成人的性表现。

（二）生命中的重要他人决定学生的成长方向

重要他人是心理学和社会学都关注的概念，指在个体社会化以及心理人格形成的过程中具有重要影响的具体人物，重要他人可能是父母长辈、兄弟姐妹，也可能是老师、同学，甚至是萍水相逢的路人或不认识的人。

谁是你生命中的重要他人？

对我们大多数人而言，在幼儿时期你遇到一位什么样的家长，在童年时期你遇到一位什么样的老师，在青少年时期你遇到一位什么样的朋友，在青年时期你遇到一位什么样的恋人，在工作中你遇到一位什么样的师傅，你的一生，会因为这样的五个人而改变。

台湾著名作家三毛，曾经这样表述：

初二的时候，由于我的数学不好，老师上课看我时，眼光非常冷淡。后来我发现，她每次出小考题目，都是把课本后面的习题选几题出来叫我们做。当我发现这个秘密时，就每天把数学题目背下来，那阵子我一连考了六个一百分。数学老师开始怀疑我了，怎么会功课突然好了起来。有一天，在两节数学课中间的休息时间，数学老师对我说："你跟我到办公室来。"她丢了一张试卷给我，我一看上面全都是初三的考题，整个人都呆了。老师挥挥手叫我回教室去。当着全班的同学说："我们班上有一个同学最喜欢吃鸭蛋，今天老师想再请她吃两个。"老师拿起毛笔蘸进墨汁里，在我的眼睛周围画了两个大黑圈。她边画边笑着对我说："不要怕，一点也不痛不痒，只是凉凉而已。"画完，老师又对我说："你转过身去让全班同学看一看。"

这件事发生后，我没有掉过一滴眼泪，也没有告诉我的父母——我在学校受了这样大的精神刺激和侮辱。

这件事的后遗症直到第三天才显现出来。那天早晨我去上学，走到走廊看到自己的教室时，立刻就昏倒了。接着，我的心理出现了严重的障碍，而且一天比一天严重。到后来，早上一想到自己是要去上学，便立刻昏倒失去知觉。那是一种心理疾病，不再希望接触外面的世界，因为只有缩在自己的世界里最安全。为了把自己囚禁起来，我在窗户外面加上了铁窗，门也加锁，我高兴时把它们打开，不高兴时就把它们全部锁起来。

在这种情形下一直到十九岁，我才慢慢重新接触这个社会，这七年的囚禁代价就是那一瓶墨汁和一支毛笔造成的……

著名数学家苏步青也曾这样说过：

我出生在平阳县北港山区的一个贫苦农民家庭，童年就参加了割草、喂猪、放牛等辅助劳动。10岁那年，我父亲借了几块钱，送我到

从"教育"到"辅导"
——心理健康教育视野下的德育工作

学校读书,由于平阳县语言复杂,我学话都来不及,书当然念不好,小孩子又好玩,第一学期结束我的成绩全班倒数第一。

新学年开始,新来的陈玉峰老师是一位正直可亲的年轻人,他从不歧视穷苦人家的孩子。他发现我沉默寡言,就主动接近我,对我说,你是聪明的学生,你家穷,你父亲宁愿全家吃杂粮,却把大米省下来供你读书,而你读书却无精打采,这对得起你父亲吗?

陈老师说:个人的前途要靠自己去争取,我看你的资质不错,只要好好努力,一定会成为有用之才。陈老师的话说到了我的心坎上。

这以后,我开始集中心思学习,这年结束时,我得了全班第一名,以后考试,我都名列前茅。至今想起这件事,我仍然感谢陈玉峰老师,是他的耐心教导,使我走上好学的长途。

数学老师对于三毛的心灵发展和人格形成的产生了严重的扭曲,直接导致三毛的失学。而陈老师却让自卑的苏步青扬起了生命的风帆,鼓足了学习的勇气……

谁是我生命中的重要他人?

我试着在一张白纸上,写下"林甲针的重要他人",然后,另起一行,依次写下"重要他人"的名字和他们入选的原因,这个游戏就完成了。

做完这个游戏后,我发觉,在生命的某个时段,身边人的一句话、一个点头、一个微笑、一个轻轻的非语言表达,都会不经意间改变着我行走的方式。儿时父亲的严肃,母亲的热情,老师的关爱,同学的知心,恋人的忠告,师长的教诲……一一展现在纸上,就是他们综合的影响成就了现在的我,一个平常、平淡但也努力的我。而在学生时代对我影响最深的则是下面两位老师。

回想我自己的成长,从半洋小学转到泗安小学读四年级,教我语文的谢老师(当时应该是高中刚毕业的代课老师,现在调到龙湾工作),在开学的第一周,布置写作文,题目是《新学期的打算》,我很认真地写了自己的打算，和对未来的憧憬……无非是认真学习、听老师话，对未来的期望是最好不用当农民。第二周的一个上午第二节课，谢老师把我的作文在班级上当着全班同学念了一篇，并且表扬了我。从此，我每一次的作文都认真对待，虽然灵性不是特别好，但语文成绩总是名列前茅。到了初二，我从乡村学校转入赤溪镇中，教我语文的老师是方老师。方老师在分析课文时，总是先叫我朗读。从那时起我喜欢上了朗诵，总是声情并茂，也一直感觉自己的普通话与《新闻联播》的罗京差不多。直到普通话测试，培训了半年才考八十分，才知道自己的国语水准有多烂，但这丝毫不影响我对朗读的热爱。

两位老师的关注，对我直接的影响就是在高中时对语文学科的投入和热爱，于是读《红楼梦》和古诗词，于是熟背了"寻寻觅觅……"、"花飞花落花满天……"、"七八个星天外，两三点雨山前……"知道了孙少平、田晓霞……

于是工作后写了几十万字的随笔，出版了教育专著，发表了好多篇教育科研论文；于是带着浓浓闽南腔的普通话，深情的讲演着德育和心理辅导的心得体会。南到深圳，北到呼和浩特，东到宁波西到昆明，都留下了我的足迹。

经过三十多年，老师也许早已经忘记了当初对我的关爱和关注，可对于我来说，老师是永远的，没有老师当初的付出就没有我现在走得这么远。谢、方两位老师就是我学生时代生命中的重要他人。

海姆·吉诺特在《孩子把你的手给我》中写道："我总结出一个可怕的结论，我在课堂上起决定性的作用……作为一个教师，我拥有让一个孩子的生活痛苦或幸福的权力。我可以是一个实施惩罚的刑具，也可以是给予鼓励的益友，我可以伤害一个心灵，也可以治愈一个灵魂，学生心理危机的增加或减缓，孩子长大后是仁慈还是残忍，都是我的言行所致。"

从"教育"到"辅导"
——心理健康教育视野下的德育工作

从事教育一线工作的人，看到海姆·吉诺特的话，肯定会产生共鸣。因为在工作中，我们经历了与孩子接触中的好多活生生的故事，我们也许会给孩子带来快乐，也许会给孩子的心灵造成了极大的创伤。也许很多时候我们是无意的，但哪怕是无意的疏忽也是一种严重的伤害。

二、德育工作中应该坚持的"辅导"理念

辅导理念是指人们在理性思考和亲身体验的基础上，形成的关于教育事物本身及其价值和价值实现途径的根本性判断与看法；是教育主体在教育教学实践及教育思维活动中形成的，对"教育应然"的理性认识和主观要求。

1. 每一个学生都是可以改变的

在美国新泽西一个小镇上的一个学校，有一个很差的班级，二十六个学生几乎都有不光彩的历史，吸毒、进少管所、堕胎，老师放弃他们了，他们自己也放弃了自己，觉得这辈子也不会怎么样了。一位新来的女教师给他们出了一道选择题：有这样三位青年，A. 信过巫术，还有过两个情妇，有过多年的吸毒史，而且嗜酒如命。B. 曾经两次被赶出过办公室，每天要到中午才起床，喝大约一公斤白兰地，而且还有过吸食鸦片的不良记录。C. 曾经是国家的战斗英雄，一直保持着素食的习惯，不吸烟，偶尔喝点酒，大都只是一点啤酒，年轻时没有任何不良记录。

这位女教师让班上的同学选出一位日后能造福人类的人，同学们的答案都几乎为 C，出乎所有同学的意料，这三个人都是二战期间著名的人物，A. 富兰克林·罗斯福　B. 温斯顿·丘吉尔　C. 阿道

从"教育"到"辅导"
——心理健康教育视野下的德育工作

夫·希特勒。

孩子不成器不是天生的,也不是永远的,那些孩子之所以有着这样或那样根深蒂固的毛病和问题,只是老师们和家长们和孩子们自己头脑中的既定认识,让他们放弃了对美好未来的追求。

我想教师的职责就是想办法去除那些既定脑海中的认识,当你这样做了,你就会发现其实每个孩子都是向善的。

一粒貌不惊人的种子,往往都隐藏着花季的灿烂,一条丑陋的毛毛虫子可以蜕变成一只漂亮的蝴蝶。我们经常听父母和老师在抱怨,孩子小学以前都很乖,现在都变了。确实是这样,孩子到初一初二的时候,好多家长与孩子间是"战争"频发,斗智斗勇。因为孩子进入青春期最重要的两个问题,就是自我意识觉醒和性意识成长。

现在公园里扛着音箱跳迪斯科的那些老太太,我们说她们是积极向上的。而八十年代初,我们十几岁的时候,带着录音机、穿着喇叭裤、留着长头发、在公园里面跳迪斯科的人,大家都会说他们堕落。

时代在变,是孩子、学生变了吗?不!我们都没有变。

2. 每一个学生都是有作为的

有人说,一个人就像一棵树,如果花不鲜艳,那么叶子一定是青翠欲滴;如果花和叶子都不漂亮,那么枝节肯定错落有致。

早年,我在某小学代课,任三年级五班的班主任。那是一个由四个班级每一个班挑十多个学生凑起来的特殊班级。这是我人生的第一份工作,特别珍惜,全身心投入到学生的学习生活中。

在这个班里有两个"另类",一个是小煌,那是一个我当了一年半班主任,没有与我说过一句话的男孩子。我也试了好多办法,想从他的嘴巴挖出一点他家里的信息,但不管我做了多少努力,还是一无所获。后来班里的学生,都劝我不用再努力了,他们说几年了也是没有听到过他说一句话,给他起了一个绰号"哑巴"。小煌听写与作文几乎没有一次是对的,数学也只有一次是六十分。于是,我就感觉这个孩子是"傻瓜",也在想这样的孩子长大后能娶到老婆吗?以后的生活能自己解决吗?

另一个孩子名字叫林林,那是一个桀骜不驯的男孩子,用现在的视角看,应该是一个犯有多动症的孩子。自从一年级进入学校开始一直是老师和同学的"眼中钉、肉中刺"。恨不得让他从视线中消失掉。因为每到上课时,他没有一节课是安心听课的,不是动了前面一个女生的头发,就是拍打了同桌的手臂。自己的作业,老师的讲课内容他都是没有放在心上。

想起与林林的相处,我至今还感觉到自己的无知和浅薄,因为我深深伤害了一颗萌发着善良的心。

林林犯错,为了纠正也为了惩罚,我把他叫到办公室,当着班级学生的面,抽打了他的手心。他稚嫩的手掌留下红痕,嘴里却坚决不肯认错,眼里流露出一丝仇恨和倔强……

过后的两天,班里的一个男生跟我说,林林恨我,路上碰到我不会再叫老师了。年轻气盛的我,听到这句话后,在第二天还把他留下来问此话是否当真。他很坦然,说是真的。我当时气得发狂,哪怕他当时说一句假话,我也能接受……

但他就是不能满足我的需求。

事情已经过去了近三十年了,那个五六十人的班级,几个上了大学的成为公职人员,大部分的学生成了做生意和出海捕鱼的普通劳动者。

在一次与一个男生的交谈中,说到了这两个与众不同的男生。现在他们都为人夫为人父,养家糊口过日子,孩子老婆热炕头,生活得不亦乐乎。

从不与人讲话的小煌,现在在家做鱼鲜的生意,与天南地北的陌生人砍价格，一点也不胆怯，如鱼得水。而那个与人合不来的捣蛋鬼林林，现在当着他的船老大，风里来浪里去，与几个兄弟北到日本海，南到台湾海峡，成为出了一个真真正正的男子汉。

两个在很多人眼里问题很大的学生，现在都在认认真真地生活着，与很多其他学生一样认真地生活着。也许在许多人眼中他们实在没有作为，实在过于普通……

但世界就是由这些普通人支撑着！

这个事件提醒着作为教师的我，千万不要对一个学生绝望……

朽木不可雕，也可当柴烧。

而海南的龙血树，树干中空，枝桠虬曲，难为栋梁。当柴烧，光冒烟，不着火，所以也叫"不才树"。"无为"得道，"无才"长寿，才得以保留至今，在山上非常茂盛，谁都不要它，但它却活得很好。

所谓坏学生、坏同事常是环境下的牺牲品，人为的淘汰。没有所谓的"坏"学生、"坏"父母、"坏"长官、"坏"下属……

3. 每一个学生都是有价值的

如果有人问金子和泥土谁更有价值，想必大家最先回答的都是金子吧！但如果有人问如果给你一粒种子，去培养生命，金子和泥土谁更加有价值呢？当然是泥土！

每个人都是世界的奇迹，都是颗璀璨的星星，都是独一无二的，都有自己的价值。

有一天我接到了一个远方的电话，是某指挥学院的小顺打来的，他问我近来可好，有点想念。我说不好也不坏，平平淡淡。走过沧桑的我，人到中年后心境平静如水，不以物喜，不以己悲……

而久没通话的他在电话那头则是意气风发，向我通报了自己的一些情况，都是好消息，入党了、当班长了、学院领导委派自己到什地方干什么了、毕业后的打算……

在他的感染下，我似乎又回到了激情燃烧的岁月，回想起我与他相处的日子。

第一次与小顺接触是在一个晚上九点半后。学校已经静校，我在校园里巡视，突然发现两个学生从学校的葡萄架下悄悄走来，生怕被人发现。我以为是两个校外喝酒晚归的学生，马上给予了严厉的批评。叫住了他俩，一问是要到教室拿书。此时我才知道他俩是从寝室的三楼后面跳下来的，谢天谢地，两人都没事。

查他的档案知道他的中考成绩只有330分，而到职业学校读体育专业。这个成绩不要说在全校，就是体育班里也是差的。听说读初中时，他参加了学校的篮球队，一起打球的那些哥们儿在当时的学校"无恶不作"，而到了读高中时就他一个人了，其他人在那所初中学校毕业后有几个已经进到了"号子"里了……

这之后，小顺每遇我，不冷不热，有点怕我，有时也在避我。因为当政教主任的我确实有点凶。记得有一次，已经是下午五点多了，天色已暗，冷风刺面。我路过他的教室，发现就他一个人在那里扫地，我问其他人呢，他说他们今天下午体能训练，特别累，个个都躺在床上了。就他一个人过来，没关系，能完成的。这是小顺第一次给我留下了好印象。

那以后，他与我走得较近了，时不时地向我汇报自己的班里的工作情况，还有自己的学习情况。还说自己到了职业学校读书已经很荣幸了，要好好珍惜……

他的成绩稳步地提升，数学、语文、英语老师一直说他很认真、很努力。他在获得成绩的同时也获得了自信，而身材标准的他，训练的成绩也是一枝独秀。只是我一直觉得他的字写得很不端正。

转眼已经是高二了，一年的磨炼已经使他成为了一个相当优秀的学生干部。为人朴实，对人宽容、吃苦耐劳，在同学中也有号召力。

从"教育"到"辅导"
——心理健康教育视野下的德育工作

马上要学生会换届选举，我首先想到的是要让他当主席，这是他做梦也没有想到的。他说自己最多当个副主席。问他为什么，他说怕，怕自己不行。

看准的事和看对的人我会义无反顾地做下去支持下去，在我的鼓励和策划下，他以最高票当选。人的潜力是巨大的，一旦当上了学生会主席，我越看越感觉到他就该是学生会主席。紧接着他新官上任搞了几个漂亮的活动，几个女生部长一直围着他转，对他的工作特别配合。事后他说当领导的感觉挺好，可以做一些事，影响一些人……

高三了，准备考大学，他说自己要辞去学生会主任的职务。这时他的成绩在班里已经是第一、第二了。

学校也同意了他的请求。在接下来的日子里，他没日没夜苦读着、苦练着，有时在午夜的时光还见到他窗前的灯光……

到了考大学前的一个月，我收到了他的一封信，字与三年前相比有了很大的长进。看了他的信，我感到他有很大的困惑。他说现在有一个女孩子对他有好感，并且火力挺猛的，他自己对女孩也有好感，他说不想伤害她，也不想伤害自己，不知道如何处理。

后来我知道他已经想好了怎么处理，只是想得到我的心理支持，处理了这件事后，他对高考做了充分的准备，顺利地进入了某大学的体育系。

这之后他在大学老师的帮助下，成为了一名消防战士，又听说到了特勤支队。体育成绩优秀的他在部队里，如鱼得水，干得风生水起，很快就提干了。

记得在那以后的一个偶然的机会，我看到中央电视台播放了消防战士在某石化基地发生爆炸时奋不顾身的表现，战士一个个描述当时的情况，唯独没有见到他。出于对他的关心，我打电话问他为什么没在，他说采访的那一天自己在杭州学习，为了考军校。其实那几个战士就是在他带领下出生入死的……他说那一次自己差点向马克思报到。

也就是那一年的八月份,他告诉我说自己考上了军校。

……

小顺的生涯发展出乎自己的意料,也出乎大部分老师的意料。这从一个侧面揭示了教育与成才、考试与成才之间幽暗复杂的关系。哪怕学业成绩再有差距,但每一个人都有自己的价值所在。

4. 给每一个学生点亮一盏心灯

晚上七点钟左右,心理咨询室的门响了三下,迎面走来两位男生。定神一看矮个子的容光焕发,一脸自信,面带笑容;高个子的低着头,无精打采,萎靡不振,我知道问题出在这个高个子的身上。

我非常热情地请两位学生在椅子上坐下,并感谢他们对我的信任。在两位学生整整沉默十五秒钟后,矮个子的催促高个子:"有事跟老师说,起先不是说好的吗?"

高个子看看天花板又看看我,面无表情地对我说:"老师,我是电脑班的高杨(化名),我觉得在校读书真没劲!"我轻声地说:"能说得具体一些吗,也许老师我能帮你。"高杨抬头看了看我,又看了一下和他一起到咨询室的矮个子同学,伤心地说:"同学们都打我!"当我听到这话时,感到非常吃惊,一是因为坐在面前的高杨个子至少有1.80米以上,而且五官端正,身材魁梧,是一个标准的男子汉;二是我校对于打架的事情一直管得非常严格。看到我一脸诧异,他继续说:"高个子的人一抬手就打我的头,矮个子跳起来打我的头,真的老师。"我说:"你想过反抗吗?""有!"高杨说,"但我怕被学校处分,因为每一次听到你处分打架的学生我都非常害怕,害怕下一个处分的对象就是我。"听到这里,我突然明白这个孩子缺乏自信心,缺乏摆脱目前这种不利情境的心态。

从"教育"到"辅导"
——心理健康教育视野下的德育工作

我说:"因为同学无缘无故打你,你很伤心,你打算接下来怎么办?"高杨说:"我不知道才来问您的!"我说:"心理咨询是让你自己帮助自己的,你想一下该怎么办?"他听我这么一说,小心翼翼地说出:"老师,我不知该怎么办?"

为了增强他的自信心,我给他提了一个建议:"你给经常打你的那个同学写一封信,说'人不犯我,我不犯人,人若犯我,我必犯人'。底稿留着,当下一次他再侵犯你时,你与他打架,然后再找我,处分他,而不处分你。"

我知道这种方法也许不对,但为了提高他的自信心,让他自己解决自己的问题,也只能出此下策了。

听到我这样建议后,高杨的脸上闪出一道久违的笑容。他感觉到我接纳了他,掩饰不住自己内心的高兴,淡淡地对我说:"老师,我是不会打人的,不过得到你的支持我心里很高兴。"我说:"那你怎么办呢?"他很自信地说:"相信我是有办法的,谢谢老师!"然后与那个同学一起离开了咨询室。

第二天上午早自修时间,我在校园里与高杨的班主任相遇,讲起了高杨。班主任说高杨是一个能够遵守学校规章制度的学生,与人交往较少,喜欢独来独往,胆子很小,从来不与老师打招呼问好,也从来不与班里的女生说一句话。学习也较努力但成绩中下。家里好像是他妈妈说了算的,班主任说从来没有与他爸爸联系过。他的妈妈是一个开商店的,生意还不错,家庭条件也是不错的,不过他妈妈对他的要求十分严格。

过了一个星期的周二晚上,他又来到了我的办公室,此时的高杨低着头不敢看我,什么话也没有说,眼里饱含热泪。以为他又受到了别人的欺侮,我站起来轻轻地拍了拍他的肩膀,对他说:"谢谢你对老师的信任,老师知道你一定很难过,你愿不愿意告诉老师究竟发生了什么呢?"

高杨抬头看了看我，嘴角动了动，可话还没有出口，眼泪已从脸颊滑落了下来，他又一次低下了头。一定是什么事情深深地伤了他的心，使他难受，看来要帮助解决问题，首先得让他发泄心中的委屈。我拿出了纸巾递给他，说："老师知道你很伤心，有什么委屈就哭出来，会轻松许多的。"他的肩膀轻轻地抽搐起来，我第一次发现动情的男孩也会像女孩一样忘情地哭泣。

过了一会儿，他稍稍控制自己情绪，开始倾诉他的委屈。

"我爸和我妈离婚了，在我七岁的时候。我一直不知道他俩为啥离婚，我和我爸感情一直不错，而法院却把我判给我妈，凭良心说我妈也很爱我。"

"在我八岁读小学一年级的时候，我爸曾到县第一小学来看我，到现在我非常清楚地记得在学校门前的小树旁我爸抱着我哭了，眼泪打湿了我的脸颊。那天晚上回到家里，我妈拿着扫把柄在门口等我，看她一脸杀气腾腾的样子，我不知道什么地方惹了她，她用左手拉着我的右手，用右手握着扫把柄，狠狠抽打在我稚嫩的屁股上，并且含着眼泪说"打得让他心痛，让他下次还来看你!？"当天晚上我扑在床上，妈妈一只手拿着药，一只手轻轻地抚摸着我被她打伤的屁股，眼泪像断了线的珍珠洒在屁股上，我知道痛在我身上，疼在妈心里，当天晚上我答应我妈了，不准我爸下次再来看我。"

"记得小学三年级时，我爸在校门口等我，我扭着屁股头也不抬地回避了他，走了两百米后回头望亲爱的爸爸，他一个人孤零零地站在落日的余晖里……"

"如今那棵小树也变成参天大树了，可我一直没有再见到我爸……"

听他讲到这里时，我突然明白了，同学们为什么会打他，他又为什么没有勇气反抗，我想从小学、初中各年级段肯定都有人在欺侮着他，问题的症结终于找到了。我小心翼翼地问："你打算怎

从"教育"到"辅导"
——心理健康教育视野下的德育工作

办?"高杨说:"我也不知道,但我内心深处很想我爸,要找我爸。"我说:"那你就去找罢!"高杨又非常无助地说:"不行,我怕伤害我妈,我妈如果知道也饶不了我。"我说:"你已经长大了是吗?"高杨说:"我是长大了呀!"然后高杨接着说:"其实大人们的恩怨不应该再折磨着我,他们离婚了是他们的事,我有权利看我爸是吗?"

听到我赞成他去看他爸时,高杨脸上又出现了少有的自信。"老师,能否帮我在上课时请假,这样不会引起我妈的误会。"我说:"行!"高杨还说其实在这以前已经打听到他爸的工作单位和电话号码了。

第三天,星期五上午,他拿了一张请假单说要我批,我批准了,我知道他的请假目的。

第三个星期二晚上,从门缝里递进了一张纸条:

林老师:

谢谢你那天给我的指导,点拨了我十多年的迷惑,我见到了我爸,倾诉彼此的思念,我知道他现在生活得很好,我放心了,当天我俩还干了一杯啤酒,从前天开始,我轻松了许多……

老师,我妈还不知道我去看我爸,你说该怎么办?

高杨

第四周的星期二晚上,他又如约来到了学校的心理咨询室,精神状态较好,落座后笑着对我说:"老师,一直以来,压在我心头的是我妈反对我去看我爸,没有想到的是,我去看我爸后的第二天晚上,我把这个事情告诉我妈,妈妈只是淡淡说了一声'你长大了!'并没有反对。谈话后的第二天中午她还地悄悄问我:'他还好吗?'我如实相告我爸的现在情况。如果没有老师你的鼓励,我想我是不会跨出这一步的。"高杨有这样的认识我很高兴。

为了与他一起探讨他为什么受到别人的欺侮的原因,我问高杨："上次你不是说了同学们欺侮你，你印象中最早发生这样的事是什么时候？"高杨沉默了一会儿说："那是我读小学三年级的时候，开始有人欺侮我。一年级和二年级时我很活跃，与同学相处得也好。"我接着问："你想过为什么吗？"高杨说："一直以来没有问过自己为什么，只是觉得自己不讨人喜欢。经过您这么一说，我想与我爸与我妈离婚的事估计有很大的关系。"高杨接着说："我爸与我妈离婚后的一段时间，我的精神状态一下子到了崩溃的边缘，虽然还小，但对人对事的看法都不一样了，让同学欺侮一下就算了，不去计较。从那以后，同学打我就成了习惯，我被别人打也成了习惯。"我问他："在这之前你有这样的认识吗？"高杨说："没有，老师你没有说起，我从来没有想起这些事来。"我问他："这几天还有人打你吗？"高杨说："没有，只是我与他们还不能很好地相处。我只会关心我自己，很不想与他们玩，也不想与他们开玩笑，我认为讲那些话都是多余的。"我试探着问："你认为人际交往重要吗？"高杨说："重要是重要，可是我不习惯，总感觉到即便我努力了，人家不一定就认可我。"我说："那你想改变目前这种交往现状吗？"高杨说："老师，其实我做梦都想，只是不知道怎么做。"高杨有这样的思想转变让我非常高兴。于是我给他布置了作业，就是练习如何微笑向人问好，并且按系统脱敏法，制定了不同的等级。高杨同意了这个方案，并且立刻实施。

第五个周二的晚上，高杨准时到了咨询室，状态与以前比较明显好多了，我问作业完成的如何，高杨说自己按老师的步骤认真地执行。我还问近来还有同学欺侮你吗，高杨说自己近来每天笑容满面，主动与同学们交往，同学们也很喜欢他，再也没有人欺侮他了，偶尔出现欺侮现象也是很平静地与之说理，不会再有尴尬了，其实也就是同学们玩笑，大家挺好的。只是许多人都说自己变了一个人似的，有点不习惯，偶尔也感到有点尴尬。我鼓励他这正是自己所想的结果，

从"教育"到"辅导"
——心理健康教育视野下的德育工作

希望他继续努力。

这一次只与我聊了十多分钟就走了。

再过了一周后的周末，我借买东西的机会到了市场找到高杨的妈妈，一个非常和蔼能干的大姐，亮明了身份后，与她说起高杨的心路历程时，大姐非常内疚，说理解孩子并赞成去看他爸。

一年以后，高杨去参军，那天去送行的有他的妈妈和他的爸爸……

高杨本无事，需要的是有人陪伴，有人支持，有人给他点一盏不灭的心灯，照亮他要去的远方的路。

辅导的工作就是协助个体解决困难，引导他们发挥个人潜能，增加自信心及自尊，达致身心均衡发展。辅导的意义并不仅是在于传授文化知识，更在于一种心灵方面的培育。

5. 给每一个学生以尊重和接纳

古今中外，每一个教育家都提到"爱"，而许多有成就的教育工作者在叙述自己取得成功的秘诀也是"爱"学生，我想他们所谓的"爱"相当部分蕴含着尊重。当爱变成教师的一厢情愿时，爱就会走向极端。曾有听说，语文老师把学生留下罚抄生字一百遍，说"爱"学生；体育教师对动作不标准、不到位学生用哨子砸额头，说爱学生；更有性质恶劣的鞭打、火烧、脱裤子；吃屎、刺字、打耳光……

爱，不是居高临下的一种恩赐，而是平等、尊重的……只有尊重，才能激发学生的内在动机和需要，以实现教育的最佳境界——学生的自我实现。

回想教育生涯，两个事件我印象特深。某年在某校，午自修时间，四个学生拿着一只青蛙在讲台桌上做游戏，而其他学生坐在座位上看游戏，整个教室由于学生的过度兴奋，不时传出青蛙一样的呱呱大叫声，面对此情此景我急于让乱糟糟的课堂安静下来，于是不管三七二十一从学生手中夺过青蛙，当即把它摔在地上，只见那只青蛙两脚一伸"哇"一声死了，学生们被我的粗暴举动惊得目瞪口呆，整个教室死一般的寂静。

第二天上午十个学生逃课了，事后我知道了学生们为青蛙举行了隆重的葬礼，以抗议我的暴行，班级自修课的纪律没有因为青蛙事件得到改观，相反学生与我的距离也越来越疏远了。

今天看来，当时我摔死的不仅仅是一只青蛙，同时也摔掉了自己在学生中的形象，更严重的是摔坏了学生的一颗善待生命的心……

一切都怪自己没有学会尊重、学会宽容，怪自己的局限，自觉不自觉地贬损了学生的自尊，在以后的日子里，每每想起那只青蛙，我都感到不安……

若干年后，在另外一个学校，我正在上课，突然从教室后面传来粗犷的朗读声："明月几时有，把酒问青天……"这声音很大，全班同学都能听到，以致讲课的我不得不停下来，笑着对同学们说，"这么美妙的歌词，实在把我陶醉，明天就是中秋节，我建议今天下午抽个时间大家学习一下，现在我们继续上课。"

事后，学生给我写了一封信："老师，对不起，明天就是中秋节，也是我的生日，往年在家里过，今年独在异乡为异客，我是情不自禁的……感谢老师给我面子……"

同样一个偶发的事件，由于宽容，由于尊重，收到了截然不同的教育效果。

西方的蒙台梭利学校，它有一个最基本的规范，教师与学生谈话必须蹲下来，以示与学生平等，绝对不能有训斥和教训的态度，绝对不能告诉孩子这是错的，尊重孩子反映是教育的一种民主价值，也符合马斯洛的人格理论。

人心是相同的，正面的期许激发的往往是人性良善的一面。当我们用负面的目光看待别人，别人就会用黑暗面对待我们；当我们以信任的眼光看待别人，别人就会用光明面对待我们。我们这一代的最大发现是——人类可以经改变态度而改变自己的命运。

真正的教育应该是受教育者带来精神的洗礼、灵魂的超越、人性的回归和情感的纯化。而教育者只有尊重、接纳学生的情绪，赞美学生优点，关注学生行为改变的同时关注学生情感的升华，而不是图一时心里的痛快而口无遮拦。只有这样才能赋予教育生机与活力，使之有益于学生和自己的心灵成长。

6. 符合学生的需要，才是有效的办法

"有你们的关心很好，可是毕竟不是我想要的，悲剧每天都会上演。这个只是我的结局，不是第一集也不是最后一集，终于解放了，goodbye！"

绝笔　2013年3月21日

2013年3月21号，一所学校发生了一件危机事件，网络上贴出了该校一个初二的学生的遗书。

老师们，一个初二的孩子自杀了。我从网络上面的信息、零零散散的内容中，还原了事件的经过。男孩子很聪明也是班干部，很讲义气成绩也好。就在前两天为班级的十四个男生叫了外卖。但在一个寄宿制学校里面，叫外卖为十四个学生服务，这件事情严重违反了校规。

老师跟他谈话，请他的家长来校，要求写检讨书。第一次检讨书交上去，因为检讨不深刻没有通过，学校决定让他回家静思。听说在停课的期间，家长陪他把检讨书再次送上去，但不知为什么，学校决定让他继续请假在家里。3月21号那一天，他从十四楼跳下去。

"有你们的关心很好，可这毕竟不是我想要的！"所以他要你的关心吗？他要你讲的道理吗？不要！

有一种伤害叫"无微不至"！有一种冷是"妈妈感觉冷"！

回想我这一代人的生命教育是"不怕牺牲，排除万难，去争取胜利，一不怕死二不怕苦"。

要花时间了解对方的需求，而不是想当然的给。"给"是你自己的需要。《有一种冷，是妈妈感觉冷》是之前看过的一篇文章题目，颇有同感。

《婚姻的心情》可以很好地解读满足对方的需要才是有效的办法，婚姻、亲子、师生、朋友都如是！

婚姻的心情

我的母亲是一个非常好的人，她总是凌晨五点的时候端着稀饭给父亲吃，因为父亲胃不好。给孩子烧干饭，孩子长身体。每个星期母亲就会把榻榻米搬出去晒，晒出暖暖的太阳香。

每天下午，母亲总是弯着腰刷锅子。我家的锅子可以当镜子用。晚上努力地蹲着擦地板一寸一寸仔细擦，家里的地板里比人家床还要干净，我母亲是一个辛劳的女子，但是在我父亲的眼里她不是一个好伴侣。

我的父亲也是一个负责任的好男人，不抽烟不喝酒，工作认真。暑假安排孩子功课，下象棋，学书法，读古书。我的父亲是一个有品位的好男人。在孩子的眼里，他像天一样大。在母亲的眼里，他也不是一个好伴侣。

我长大了，我经常看见母亲在院子里暗自忧伤地流泪。父亲用语言，母亲用行动，表达了他们在婚姻中遇到的痛苦。两个好人为什么没有一个好的婚姻呢？

我长大了，结婚了，在婚姻的初期，我像母亲一样努力地煮饭，努力地刷锅子擦地板，认真地为自己的婚姻所努力。奇怪的是，我不快乐，看看我的先生，他似乎也不太快乐。我想可能是地板不太干净，可能是菜烧得不够好吃。于是我更用心地擦地板做饭，可是我们两个人还是不快乐。

直到有一天，我正在忙着擦地板，先生说，老婆过来和我一起听音乐？我不高兴说，你没有看到还有一大半的地没有擦吗？这句话一出口，我呆住了，好熟悉的一句话，我父亲和母亲的婚姻中，母亲也经常这样对父亲说，我重复着父母的婚姻，重复着他们的不快乐。于是我停下身边的工作……我的领悟使我做出了不同的选择，停下手边的工作，坐到了先生的旁边，陪他听音乐，远远地看着擦地板的幕布，好像看着母亲的命运。

我问先生，你需要我做什么？先生说，我想你陪着我听音乐，家里脏一点没有关系……我们继续分享着对方的需要，发现他也做了很多无用功，我们都用自己的方式爱对方，而不是对方想要的方式。从此以后我列了一张先生需要表把它放在书桌前。他也列了一张我的需要表放在他的书桌前，像有空陪陪对方，有机会抱抱对方，每天早上Kiss goodbye。

我们在需求在满足中婚姻越来越活力，在累的时候放一首放松的音乐，有力气的时候就做一次去外地的旅行，有趣的是去植物园散步是我们共同的兴趣。每次婚姻有争吵就到植物园去。一走进去就仿佛回到婚姻当初，彼此相爱的阶段。问对方你需要什么，这句话开启了婚姻的另一条幸福之路，两个好人终于走上了婚姻的幸福之路。

我推荐这篇文章给我的夫人看，家里的最大变化是擦地板的次数明显减少。陪我的时间比之前多了……

好油的煎饼

上午八点半，在学校附近有个小吃店，来了一对母子。母亲四十来岁，穿戴得体，儿子十三四岁，阳光帅气。此时，只是儿子有点不高兴。

妈妈："来一碗面条。"问儿子："你呢？吃什么？"

儿子："我不想吃了。"

妈妈："怎么可以不吃呢，叫两个煎饼好了，我也吃一点。"

儿子："煎饼好油，我不想吃………"

妈妈："再来两个煎饼，快一点，小孩子还要补习。"

此时店里来了一位妇人。

妈妈："啊！陈阿姨，你也来吃点心啦……"妈妈热情地招呼她，和她话起了家常。

煎饼上桌了，儿子慢吞吞，久久才咬一口。

妈妈："快吃，上课要迟到了。"

妈妈对陈阿姨说："现在的孩子太幸福了，这也不想吃，那也不想吃……"

儿子："可以了吧！人家快来不及了。"

妈妈："怕来不及就快吃，好心帮你叫的，再吃几口！"

妈妈瞥一眼盘中的煎饼，又转过头继续聊天。

儿子看了妈妈一眼，咬了一口煎饼，背起书包，丢下一句："我上英文课去。"

妈妈对陈阿姨说："现在的孩子真浪费，也不想想是特地花钱为他买的，才吃一点就不吃了。"

妈妈显然没听进儿子的话"我不饿"，"我急着上课"。

听话！听话！！当孩子开口时，父母倾听了吗？煎饼是妈妈的需要，还是儿子的需要？

"自以为是的给"是自己的需要，而不是对方想要！

人的两个基本需要是亲密和当自己。"亲密"指的是对方是重要的、被肯定、被爱、被喜欢……"我心中你最重"！"当自己"指的是有选择权、声音被听到、可表达……

当然，辅导的有限性，不要背十字架，认为学生都"应该"辅导成功——辅导非万能；不是所有的孩子都是能够给你辅导好的，屡劝不听的孩子所提供的协助要点，就是要配合他的需求，深入其内在，了解他的情绪，要懂他，不急着指导，不急着纠正、讲道理，不要急着扮演师长的角色。

德国哲学家雅斯贝尔斯说："教育本身就意味着，一棵树摇动另一棵树，一朵云推动另一朵云，一个灵魂唤醒另一个灵魂。"

7. 体验着学生的体验，幸福着学生的幸福

学生在学校生活中，体验不到生活学习快乐者大有人在，以下有多封学生来信，现摘录如下：

(1)心无法静，人生无味，学习无趣，唯有朋友，尚得些许安慰，患得患失，不得自拔，沉沦苦海，唯有相思，病入膏肓，伤心欲绝，前途渺茫，唯有等待，经济危机，情绪危机，处处杀机，四面楚歌，好苦好苦……

(2)课上没气氛，总是死气沉沉，不过老师教得起劲。我都不知道自己在想什么，脑子里空空的，心也是空空的，有的时候觉得自己有很多很多事可做，可仔细一想，又觉得什么事也没有。总觉得在班里没有一点学习气氛，每天都是在恍恍惚惚的，总觉得自己活得好多余，每天都要循环做着同一件事，与游魂野鬼一般。为什么？为什么？感受游魂的日子，只可惜自己不是鬼……

(3)老师，生也容易，活也容易，可生活就不那么容易。我想问你一个问题，什么才算生活呢？生活的意义又是什么呢？现在的我生活已完全失去本身的价值，我只知道自己好累好累，做每一件事都好烦好烦，无论做什么事只有讨厌的份。以前的我已经消失了，活着是为了什么？又为什么才活着？真的，什么都不知道，现在又没有一个可以谈心的朋友。

……

这样的学生,比例不在少数,每一个学校、每一个班级都有,而身为教育者的我们往往关注的却不多。

一只小狗问它的妈妈:"妈妈,幸福在哪里?"狗妈妈告诉它:"幸福就在你的尾巴上。"于是,小狗就不停地追,它要追到自己的尾巴,看看幸福到底是什么样子。

可是,它发现自己怎么也追不到尾巴上的幸福,于是它便把苦恼告诉了妈妈。狗妈妈说:"孩子,只要你一直往前走,幸福就会永远跟着你。"

幸福就在自己的小尾巴上,只有学生没能很好地去体验。

苏霍姆林斯基说过"我们极力去做到使孩子集体中充满一种幸福、欢乐、和谐气氛"。于是霍姆林斯基总是给孩子营造快乐的机会,"当学年快要结束时,我跟孩子们去远足旅行,到田野里去,到森林里去,河岸上去……对我来说,跟孩子到南方的灿烂的星光下过夜,煮粥吃,讲述神话故事,确是一种幸福……"

"每当静静的夏夜,我乐意和我的学生们坐在草原的山上看日落,我们一连三天来到草原聆听鸟叫……"

苏霍姆林斯基曾在一个春天,和他的学生共同买了一条小船,然后划到一个荒无人烟的小岛去探险,他后来写道:"可能有人会想,我想借这些事来炫耀自己特别关心孩子。不对,买船是出于我想给孩子带来快乐,而孩子的快乐,对我而言是最幸福的……"

记得某年春天,我组织了学生远足徒步游埔亭山。三十几个男女学生穿着登山鞋,背着挎包,装着食物和水。前面虫叫鸟鸣,流水潺潺,春风拂面,野炊山谷,仰卧石边,洞中穿越……

男孩女孩们欢呼雀跃,其乐融融。事后有一学生在《自我教育手册》中写道:"那一天,是我高中生活中最精彩的一天,不管是湖边漫步,还是石顶攀爬,都留下了美好的回忆。使我忘记了数学考不及格带来的伤害，也忘记了同学相处不和谐带来的伤痛，真的好快乐……我也突然发现平时严肃的班主任，那时显得好平易近人……"

当然，快乐的平台有好多好多，远不止一种，只要我们教育者记住："有一样的东西是任何教学大纲和教科书、任何教学方法和教学方式都没有做出规定的，这就是儿童的幸福和充实的精神生活……"教育家那震耳欲聋的话语值得我们每一个实际工作者去思考、去实践。

花朵的成长需要阳光、雨露和养分，还需要园丁精心的呵护。人的成长也一样，要有物质的、精神的养分，尤其要有老师的爱。如何爱学生，各师各法，我认为爱的前提是同感、是尊重、是让每一个学生都感到快乐。爱学生就是要满足学生成长过程中的心理需要。

我曾做过一次某市高中生的幸福感调查与分析，呈现了下面的一些问题：

高中生的主观幸福感处于中等水平。学生对自己的生活状态基本上是满意的，体验到较少的负性情感，拥有满意的家庭、温馨的友谊和基本适当的自由，但对学校教育、环境和学业满意度较低，而且正性情感也有待提高。

有相当一部分学生对学校的教育管理和教育方式不满意，在学业上很难有成就感，体验到更多的是挫败感，对社会环境缺乏安全感，感受到压力、空虚、孤独和负罪感，这些问题应该引起我们的注意。

这可能与以下几个原因有关：

随着高中学生心理日趋成熟，由之前对父母的疏远、反抗到理解、关心家庭；高中学生具有强烈的交往需求，对友谊理解也较为深刻，关系也更加稳定深入；学习时间太长，生活比较单调，兴趣和爱好受到压抑；高考的巨大压力与未来的不确定性。

研究还发现高中学生主观幸福感在专业方面存在差异不大。一方面，受近几年大学生就业形势的影响，父母强制要求孩子选择理科的现象有所减少，学生选择文理科时更加自主；另一方面，由于高中生还未参加社会工作，对职业问题感受不深。还有，近几年我县大多数高中都配备了专职心理老师，并对高年级段学生进行了生涯规划辅导，对学生了解自己和职业之间的关系有很大的帮助。

另外，调查还发现独生子的高中生在主观幸福感上对学校、环境和生活方面满意度均高于非独生子女。因为独生子女在其家庭结构中的独特地位，物质与精神上的需求比非独生子女都更容易得到满足，他们更习惯于他们的安排，学校的管理、父母的呵护让他们对环境、对社会更具有信任感，也更容易体验到生活的美好。

所以学校教育的核心内容，应是增进学生主观幸福感、提高学生生活满意度、开发学生心理潜能，使其发挥智能优势、改善学习力、提升自我效能感，同时增加沉浸体验，培养学生创新能力，优化情绪智力，使学生积极、乐观、自尊、自信。

第四部分

教师可使用的辅导方法

一、穿着他的鞋走他的路的同理心技术

同理心是站在当事人的角度和位置上，客观地理解当事人的内心感受及内心世界，且把这种理解传达给当事人的一种沟通交流方式。

同理心的两大原则：先处理情绪，再处理事情；立场要坚定，态度要热情；先辨识，后反馈。

儿子：妈妈，我想要买个手机。

妈妈：要什么手机，有什么用！

儿子：小江就有，他妈妈给他的！

妈妈：你拿了手机就会打游戏，会影响学习，对眼睛不好，学校规定不准带手机。

儿子：妈妈，我要，我就要！

妈妈：别吵了，这个事情没商量，我说不能买就不能买！

儿子：妈妈你真讨厌！

妈妈：我养你这么大，有这么跟妈妈说话的吗?!

儿子：妈妈，我想要个手机。

妈妈：你想要个手机呀？

儿子：我们班小江就有，我也想要一个。

妈妈：是呀，要是有手机拿能玩游戏多好呀。

儿子：那里面的游戏很好玩。

妈妈：要是玩游戏不伤眼睛不影响学习，老师也允许你带就好了。最好说变大就变大，说变小就变小，能放口袋里。

儿子：妈妈，我想当个发明家，手机我现在不要了，明明的那个手机就被老师没收了。

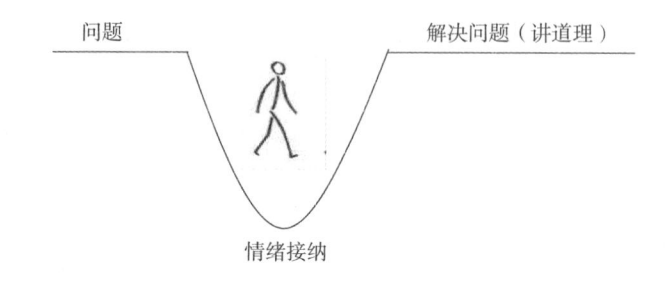

……

```
问题                        解决问题（讲道理）

              情绪接纳
```

此模式强调的是情绪凹洞，接纳个体情绪是解决问题的好办法。当情绪受伤时，不适合再认知的教育，不要企盼说理、教育个体有立即性的改变，我们很好的建议或勉励都会变成"有道理没有效果"的话。一个情绪受伤的人，是很难听进道理的，应该接纳、同理情绪为先。因为这时的个体"不是头脑没有知识，而是心里不舒服"。

1. 同理心实例

（1）难言的委屈

学生："老师，陈少裕在那么多人面前给我难堪，未免太过分了。我真的好生气……想揍他两拳。"

怎样做才是同理呢？

①具破坏性的反应方式（不接纳、否定其情绪）

消防队型：

你看，你看，陈少裕给你难堪了吧！我不是告诉你，少去惹他，你就不听，这下子自找罪受了吧！

哎呀！他骂一下又怎样，又不痛，忍一下就好了嘛！何必气成这样！

落井下石型：

他为什么不给别人难堪，而只给你难堪，一定是你做了什么事，他才会这样。他骂得没错，你就是欠骂。

贬损他人型：

你只会讲别人，你自己呢？一天到晚只会惹麻烦，还怨别人！

你一天到晚只会惹这个，惹那个，我也拜托你一下，自己反省反省，不要那么惹人厌。

②有道理没效果的话（没有做到同理）

探索：询问、搜索更多资料

他究竟说了些什么？他以前这样说过你吗？

评价：法官、评估、论断

我认为你太在意了，听过就算了！你太计较了！你太冲动了！别这么感情用事嘛！太小题大做了！太想不开了！

支持：安慰

没关系啦！不管他怎么说你，我们仍然很欣赏你。

解释：分析

陈少裕只是开开玩笑，没什么恶意的，何必当真！

忠告：告诉别人应该怎么办

我觉得你应该还以颜色，让他知道你不是好欺负的。要忍人所不能忍，才能成大业。

我认为你不要回嘴，以显出你的风度，不要和他一般见识。得饶人处且饶人，何必和他那种人计较。

③同理心：设身处地、表达、反映、回馈

你觉得他给你难堪，让你觉得蛮受伤害的！

从"教育"到"辅导"
——心理健康教育视野下的德育工作

你觉得他在大家面前给你难堪,你会觉得蛮生气、蛮委屈的!
好像你对他所说的话感到很伤心!

(2)加班的丈夫

妻子:你晚上还去办公吗?

丈夫:是呀,没有办法!

妻子:昨天不是说今天晚上去银泰吗?

丈夫:领导接了任务,我又不知道今天晚上要加班。

妻子:你就知道天天工作工作,从不留点时间给我,那你就和办公室过日子吧。

丈夫:你又在责备我,真烦人!

妻子:你才烦死人呢!你老是工作,老是工作!

丈夫:我工作这么辛苦,你却老是抱怨,老是有情绪!

妻子:在你家我像老妈子一样,别人老公那么体贴,你却一点也不关心人!

另一个情景,也是丈夫加班:

妻子:你今晚又要加班啦?

丈夫:嗯,真不好意思,老婆!看来你又得一个人在家里了。

妻子:能不去吗?

丈夫:我也不想去,可是最近单位很忙,我又是负责这项工作的,不去能行吗?你看怎么办呢?

妻子:不是说好了今晚我们一起去银泰的吗?

丈夫:我知道我又说话不算话了。可是,你也知道我真的也是非常、非常想多跟你待在一起的呀!

妻子:哼,你就知道工作、公司,从来不关心我。

丈夫:我句句都是实话。多加班、多挣钱,不也是为了我们以后的日子过得好一点吗?

妻子：走吧走吧，不要烦了。早点回来，路上当心点！

上面两段夫妻对话，第一段的丈夫，没有接纳妻子的情绪，而引起夫妻的冲突；而第二段的丈夫，没有强烈的价值观，接纳了妻子的不高兴，接纳了妻子的情绪，妻子也接纳了丈夫的行为。

同理心是穿着他的鞋走他的路，以对方为中心，用同步的方式陪伴对方，了解对方内在的感受，并加以响应；以对方为中心，就是以对方立场来关心对方，信任对方，并了解、接纳、尊重对方的感受；同步是陪着对方，而先将自己放在旁边，像一面镜子让对方照到自己，了解自己。

《牵手》的歌词很有同理心理念。"因为爱着你的爱，因为梦着你的梦，所以悲伤着你的悲伤，幸福着你的幸福；因为路过你的路，因为苦过你的苦，所以快乐着你的快乐，追逐着你的追逐。"多使用同理心去理解他人，让他人感受到你的理解，相信这份理解一定能温暖冰冷的内心！

2. 不同的角色有不同的情绪

每一个不同的角色对同一事件都有不同的感觉，而产生不同的情绪。

（1）小猪的嚎叫

一头猪、一只绵羊和一头乳牛，被关在同一个畜栏里。有一次，主人抓住猪，猪大声嚎叫，猛烈地抗拒。绵羊和乳牛讨厌猪的嚎叫，便说："他常常抓我们，我们并不大呼小叫。"猪听了回答道："抓你们和抓我完全是两回事，他抓你们，只是要你们的羊毛和乳汁，但是抓住我，却是要我的命啊。"

经历不同、命运不同的人，很难理解对方的感受。人与人相处，彼此都要有关怀、宽容的心态。

(2) 浩浩的请假单

小学四年级的男生，他的爷爷过世了，学校有统一的请假单，他在请假的理由上写着"出殡"。他把这张请假单交给班主任，班主任看到"出殡"这两个字，要求他改一下。"老师，我写好了就不要改了。""不，你要改一下。"怎么办呢？老师一定要求再改一下。这个小男生爷爷死了，心情也不好，磨磨蹭蹭。过了十几分钟以后，又在另外一张请假单上，写了请假的理由。班主任打开这张请假单，一看，傻眼了，请假理由"陪葬"。

不同的人，对问题的聚焦点不一样。孩子聚焦到送葬的事情上，而班主任聚焦到请假单文本的规范上。所以我们要时时觉察学生的情绪，以便更好地服务于教育教学工作。

二、就事论事的具体化技术

陈女士在工厂里上班，每天早出晚归。工作时，经常走神，就想着自己十一岁、小学四年级的孩子东东，是否安全回家，是否认真作业。虽然爸妈陪伴的很少，可东东独立能力很强，回家作业、做饭都会。看着懂事上进的东东，陈女士很欣慰。可是有一天下班回家，她打开门时看到东东在聚精会神地看电视，作业也不做，陈女士突然感到很失望、很生气。大声地喊着："养你这么大了，你怎么这么不懂事，整天作业也不做，回家就知道看电视，一点儿也不知道学习，还不赶紧关了，回屋做作业去！"

东东听到妈妈的训话后，跑到自己的房间，顺手"砰"的一下关上门，嘴里说着："我就不做作业，又不会死人。"

当孩子做错事，或者没有达成你的目标时，你容易口无遮拦，脱口而出让自己后悔的话，影响自己与孩子的情绪，也影响自己与孩子的关系。

我们的表达应该是"捧"着孩子的自尊，就事论事，不要用以偏概全的中性词来处理。

1. 具体化的实例

不起床：长这么大了还要人叫你起床；现在已经是七点二十分

从"教育"到"辅导"
——心理健康教育视野下的德育工作

了，该起床了，我不再叫你了。

放学以后回家书包乱放：这样书会念好，我头斩下来给你当椅子坐；请你把书包放回自己的房间。

不认真做功课：现在不好好读书，长大以后跟你爸一样没出息；你好像不想做功课，有没有什么困难。

打电话的次数这么多：比总经理还要忙，你在做什么大生意；电话太多给我们不方便，请告诉你的朋友几点钟以后打过来。

经常顶嘴：翅膀硬了，你竟然跟我顶嘴；看来你的意见和我的很不一样，我们应该商量一下。

穿着打扮：好学生哪有这么穿的，坏学生才这么穿；也许这是流行，但我仍然不习惯你的样子。

零用钱问题：钱给多少用多少，也不知道节俭；这些钱你打算怎么用？

与他人比较：看人家那么乖，我们家怎么会有你这种小孩子？你这样好像和以前的你不一样。

仪态：看你坐没坐相站没站相；把你的脚放下，这样坐不太好看。

做家务：叫你做点家务，脸拉得这么长，嘴上能挂三斤肉；我知道你不想做，可是让我一个人做，我会很辛苦。

电视音量大：耳朵聋了？开那么大声；电视声音太大，开小声点。

外出不辞而别：你把家当旅馆，想来就来想走就走；我想知道你去哪了，何时回来，好让我放心。

上好洗手间不关灯：你又忘记关灯了，快去把灯关上；孩子，厕所的灯还开着。

2. 与人对话中的具体化技术

王老师：我这个学生简直坏透了！对他，我无能为力。

李主任：你能告诉我这个学生都有什么具体表现吗？

王老师：他一上课就睡觉，醒了就做鬼脸引同学哄笑；半年都不做作业；欺负别的同学；经常迟到早退，今天上午与我顶嘴……

黄煌：我在这儿待不下去了，班里的同学们对我不好。

李主任：是谁对你不好？在哪些事情上对你不好？你能给我举些具体例子吗？

黄煌：张某老喜欢开我的玩笑，林某把我的钱借去不还，苏某排斥我，不让我参加他的活动……

李主任：还有吗？

黄煌：我想有一两个知心朋友，在班里却一直未能如愿。

使用了具体化技术，经过具体询问，教师可了解当事学生的具体问题，同时也使来访的教师在叙述过程中澄清一些个人的认识。

表扬学生也一样，夸具体不夸全部。

表扬孩子要具体化，比如你真棒，会让孩子无所适从。也许孩子只是帮助您扫地，与其兴高采烈地表示"好孩子，你真棒"，不如告诉他"谢谢你帮我扫地，我真的很高兴"。

有针对性的具体表扬会让孩子更容易理解，并且知道今后应该怎么做。

"你真聪明！"——一个家长惯用的评语。家长对孩子的每一个进步如果都用"聪明"来定义，结果只能是让孩子觉得好成绩是与聪明画等号的，一方面他会变得"自负"而非"自信"，另一方面，他们面对挑战会采取回避，因为不想出现与聪明不相符的结果。

所以，要表扬孩子努力而不夸聪明。

从"教育"到"辅导"
——心理健康教育视野下的德育工作

三、给感受找到出口的"我信息"技术

林虹是一个活泼、开朗的女孩子,她希望自己在校期间广交朋友。她口齿伶俐,思维敏捷,知识丰富。只要她在的场合,几乎没有不以她为中心的。她总是千方百计地把别人的注意力吸引过来,或者竭力驳倒与自己观点不同的人,自我感觉颇好。随着时间的推移,她渐渐发觉同学专注、欣赏的表情消失了,而慢慢表现为不耐烦。

她陷入了从未有过的孤独与困惑。

有一天下午,寝室里,她说:"小萌,你不能整天开门后不关门。小花,你不要整天在床上无病呻吟,小蒙,你今天下午就不要听音乐了……"这时,同寝室的英英以无比冷淡的语气甩给她一句:"你说的净是你、你、你……有没有完!"她愣住了,内心被触动了一下。她问自己:"为什么会这样?"

当我们带着情绪,带着你的信息交流,仿佛就像用食指指着别人的头一样。这个时候情绪的表达会变成指责和宣泄,将自己的感觉归罪于对方。当我们一味地指责他人,将自己的情绪归罪于对方时,我们会感到更糟糕,情绪也会愈演愈烈不断地升级。

1. "你信息"实例

你不能这样!

你怎么搞的!

你最好安静!

你的行为像三岁的孩子!

你以为自己是爱因斯坦!

你这样做让我很生气!

你没有等我一起吃饭让我很难过!

你老是食言让我很失望!

你好伤我的心!

你让我很失望!

你让我生气、担心!

你又迟到!

……

我们的感觉是我们自己的选择,我们要为自己的感觉负责,因此正确的情绪表达需要以"我信息"来表达,这是一种分享感觉、表达情绪的方式,而不是抱怨、攻击或责备,要能帮助彼此的沟通与了解。

使用"我信息",直接向对方表达情绪,不是要发脾气,而是冷静地将情绪说出来,当我们一味地指责他人,将自己的情绪归咎于他人时,常会让自己感觉更糟,所以比较有效的方式就是告诉对方你的感受,好好地沟通。

"我信息"的表达可以简单地以下列的公式来说明:"当……时候(陈述引发你情绪的事情或言行),我觉得……(陈述你的感受),因为……(陈述你的理由)。"

2. "我信息"实例

当你告诉我你不能和我一起去看电影的时候,我觉得蛮失望的,因为我好期待可以有多一点时间和你相处。

从"教育"到"辅导"
——心理健康教育视野下的德育工作

你不能和我去看电影,我觉得好失望喔,因为我好期待可以多一些和你相处的机会。

我好希望能和你一起去看电影,现在却不能去,我真的蛮失望的。

当你无故缺席这么多天,我非常担心,因为我担心可能会发生什么事。

老公晚上十点半没有回来,还在外面喝啤酒,十一点四十五分回家了,轻轻地敲门,轻轻地进来了。

老婆嘴里冒出一句话:"你到现在才回来,你死到哪去了,你心里有没有这个家?"

老婆其实也是担心老公迟回家会影响明天的行程,另一方面也是担心喝酒对身体不好,担心他的健康。

但她应该先把自己的感受说出来,然后再提要求,可以在老公还没回家的时候,打电话跟他说:"老公,在哪里呢,我担心你这么迟回家,明天起不来,何况你又高血脂、高血压。"

把自己的感受先说出来。老公就会感受到老婆对他的担心,在情绪上不会那么抗拒。

"我信息"的表达,必须强调对对方行为本身的感受,而非对其个人的感受,也就是对事不对人。其次,当描述对不满或不愉快事件的感受时,应该是针对本身的感受来加以描述。表达情绪的目的是分享,若是抱持着改变对方,或是借此控制对方,要对方合作,或是为了报复,让对方也跟着你难过或者对你感到抱歉、愧疚,那么你可能会大失所望。

我们无法改变或控制对方,我们只能学习照顾自己,尤其是照顾我们内心的感受,表达情绪是为了让内心的感受找到出口,为了让对方可以多了解我们。

四、适度开放的自我暴露技术

制版班纪律松散，上课缺席，班主任黄老师说本学期共有11人受处分，班级不好管理，向学校提出辞职。我去他们班看了看。班主任要求我给同学们上一次班会课，我同意了……

我首先与学生分享了我自己的成长经历。

我的小学是在一个复式班里读的，整个学校共有24个同学，一、二、三年级，一个老师任所有的功课，都是语文和数学，没有体育课，唯一一次音乐课是学习《中华人民共和国国歌》，在那个小学我学会了a、o、e，每次语文考试都是九十五分以上，而数学总是比语文少几分。小学四年级时我转到了另一所小学，每天早晨天没有亮就起床，妈妈比我更早，她陪我走1个多小时的路到学校，带着的饭盒里就一块豆腐。每到春天，山里的雾浓得让你见不到十米外的松树……尽管很苦很累有时也有怕，但是我很充实，因为学习着，快乐着……

转眼到了读初中的时候了，我到了一个乡镇初中，也是走读，每天早晨至少要走一个小时的下山路才能到校，我走过春天、走过秋天，收获着考试的分数，也收获着人生的希望，可是到了初三由于种种原因我成绩飞流直下……

然后读了职业高中，高一时糊里糊涂地过，高二时突然有一天考了前5名，感觉突然找到了灵感。于是在其他同学在教室闲聊时、在打牌时、出去活动时，而我还是一个人默默坐在教室里读书，晚上也

从"教育"到"辅导"
——心理健康教育视野下的德育工作

学得很迟，有一次老教务主任三更半夜到厕所遇到我，还以为我是小偷……

就这样，我走完了职高生涯，那一年是1986年，我十八岁，因为当时的职业高中不能考大学，我又回到了那个生我养我美丽而贫瘠的小山村……

那一年8月份乡里要招一个代课老师，我去考了，我的老师告诉我成绩不错，第一名，可是只能安排别人……

我欲哭无泪，伤心欲绝，第一次明白了社会不只是书本里讲的仁义、道德、公平、公正。

在朋友的帮助下，我去了某小学代课，让我当三年级五班的班主任，教语文，我忘了当时教他们什么东西，但我脑中深深烙印着每个周日带着学生下海抓跳鱼，上山摘杜鹃花……

也在这时认识了现在的老婆，我的初恋情人……我恋爱了8年才结婚的人，也是我家孩子他妈。

有一天，一个值得我永远尊敬的老师给我打了电报，叫我参加考试……然后我有机会读大学，在大学里，我是班长，一等奖学金获得者，我想分到县城肯定没问题，可是我却分到了乡下的农技校，一个晚上经常没有电，没有电话，没有电视，没有汽车，两个人平排着走一个人会掉到河里的地方……

学生静静地听着我的故事，也被我曲折的成长历程深深地打动着，我告诉学生不管在顺境逆境，我都在努力着，从来没有、也不会浪费时间，我现在看到同学们在迷茫而满足的心态中，挥霍着青春，我的心很疼，我真想你们多学点，哪怕是字写得好点，唐诗、宋词、红楼梦多看一点。

课后学生给我写信说，听了你的故事，我们一直分享着您的喜怒哀乐，感动着你的感动，悲伤着你的悲伤……我们保证重新开始……

隔周一天上午的第二节课，这个班的一个学生递给我一张纸条说：老师，前天晚上的晚自修男同学们没有一个缺席，如果是以前，他们肯定会跑光，因为那天是灵溪物资交流节，班级总体进步很大，谢谢您！我尊敬的老师。

让自我暴露，与学生分享，引学生共鸣，使学生反省，在改变学生认知的同时，改变学生的行为，以达到润物细无声的教育效果，我认为这是教育的最高境界。教师表达出在团体中对此时此地此事的感受或人生经历，以引导学生向自己开放，增进学生对教师的信任，并促进团体更深层的互动。

教师适当的自我开放，会让学生感到教师会投入团体互动，感觉教师不是团体外的人而乐意与教师互动。特别是教师的心事、感受与秘密，常是学生最想了解的内容，教师自我开放产生的示范作用，颇能激发学生的团体动力。

一般情况下，自我开放区域的扩大程度与人际关系的和谐程度呈正相关。因此，我们如果适当且不失时机地暴露自己，尽可能地通过各种渠道向他人传递自己的信息，就可以很快地缩小自己与别人的心理距离，增加彼此的踏实感。良好的人际关系是在自我暴露逐渐增加的过程中发展和亲密起来的。随着我们跟他人的交往逐步增多，信任感和亲密感程度提高，交往双方就会越来越多地暴露自己。因此，自我暴露的广度和深度，成了测量人际关系深浅的"尺度"。

自我暴露分为四个层次。

第一层次，情趣喜好方面，如兴趣爱好、生活习惯，等等；

第二层次，自我意识和个人的人际关系状况；

第三层次，态度方面，对某人、某机构的态度或看法，等等；

第四层次，隐私方面，比如自己的不为人知的秘密。

在通常情况下，人们习惯于展示自己的长处，隐蔽自己的劣势和不足。有时如果反其道而行之，适当向对方暴露自己的短处，反而能够赢得别人的信赖和敬重。人与人的交往是一个互动过程，自己对别

从"教育"到"辅导"
——心理健康教育视野下的德育工作

人开放的区域越大,往往越容易获得对方相一致的开放区域,从而赢得对方的信任。大多情况下,人们总是喜欢和一些坦诚、真实的人交往。如果对方勇于坦言自己的不足和缺点,我们反而觉得他很坦率,拉近了彼此的心理距离,心里会感觉更加踏实。

如果每个人都生活在自己的隐秘世界中,人与人之间总有一些隔阂和戒备,而自我暴露能够在一定程度上融化这层隔阂,使人与人之间能够互相理解与接纳,相处更加融洽、和谐。

五、积极语言的 HAPPY 技术和 NLP 技术

早上七点，小女孩在上学的路上，有妈妈和姥姥作陪，坐着公交车，手里拿着一个带柄的小玩具，用手甩着玩着，挺开心的。

坐在孩子身边的妈妈冷冷地说："跟你说了多少次了，别乱动！"

女孩挪动一下身子，勉强坐好。用小玩具在车窗上左右来回划着。妈妈又很不高兴地说："别瞎动，一刻也闲不住！"

女孩把手缩回来，瞅了一眼妈妈，撇撇嘴，窝在座位上。妈妈用手去理女孩的头发，女孩小脑袋一闪，妈妈说："别动。"女孩很不情愿地接受了妈妈的梳理头发。呆呆地坐着，东张西望了几下，面无表情。

打理好孩子的头发后，妈妈说："你一点都不懂得珍惜时间，还不把书拿出来背！"小女孩闭着眼睛，假装没听见。

妈妈凶巴巴地说："没听见是不是？快把书拿出来！"妈妈用手戳了孩子一下。孩子皱皱眉，显得不耐烦。

到站了，妈妈冲孩子说："你别起来啊，你不是听不见吗。"女孩刚要站起来，妈妈厉声说："有本事你别起来！"

这时，姥姥说话："行啦。"冲孩子说："走吧。"

看得出，女孩内心非常不安。妈妈从女孩背后拿过书包，背在自己身上。

女孩四肢无力地走在路上，似乎对什么都没了兴趣，拖着懒洋洋

的脚步向学校走去。这时，只听妈妈说："还不快走，干什么事都磨磨蹭蹭。"

上述亲子对话中，妈妈的语言全是负面的，不积极的，否定的。给孩子的全是负能量。塞利格曼在《认识自己，接纳自己》这本书中，认为孩子会悲观的最大原因是妈妈的影响力。孩子解析风格来源与母亲的解析风格。

女儿：我这边的车门被人撞坏了。

妈妈：该死，你爸爸会杀了我的！

女儿：爸爸叫你把新车停得离别人远一点。

妈妈：该死，这倒霉的事全都发生在我的身上，我真懒，不想抱着大包小包穿过停车场，我总想少走几步路，我真是笨死了。

女儿听到的是这个坏事的四种解析

(1)这种倒霉的事总是发生在我身上。"总是""倒霉事"而不是"被撞的事""发生在我身上"。这是永久性的、普遍性的、人格化的特点。

(2)我真懒。普遍性、永久性的解析。

(3)我总想少走几步路。人格化、永久性解析。

(4)我真是笨死了。永久性、人格化、普遍性解析。

在100个孩子的调查中，母亲的乐观程度与孩子极为相似。如果妈妈是乐观的，孩子也是乐观的。

1. HAPPY 技术

积极预想(H)，引导行为(A)，看重过程(P)，发现意义(P)，收获效率(Y)。

积极语言的核心是少说，切记啰哩啰嗦地说同一件事情。越重要的事情越少说，但绝不轻描淡写，要用极其严肃的表情，告诉孩子这件事很重要，要求孩子一定要做到，让孩子的自尊来规范行为。

要有效果、有目标、有意义地说。这就是父母亲与孩子教育时机的把握。孩子的成就感，来自于同等水平孩子的能力，跟过去比较有进步。

积极语言模式的层次：

禁说：混蛋、滚出去、不要脸、让警察抓你抽你、打死你、不要你了、都不理你；

不说：淘气、捣乱、窝囊、马虎、浮躁、骗人、撒谎、笨、蠢、差、傻、老失败、拖后腿、讨厌、烦人、蔫坏、累人、让人失望、老失败、拖后腿、很糟糕罚站、罚抄；

少说：不行、不好、不是、不对、别动、不努力、不认真、不专心、不争气、不能做、没长性、没救了、没出息；

总说：行、好、是、对、可以、试试、能做、想干、做得了、会成功、我同意、我欣赏、我尊重、我期待、我相信、我理解、有道理、有新意、有收获、有希望、有提高、有进步、是有原因的。

孩子七岁、一年级，回到家，从车上跳下来，"我到隔壁小明家玩"，你可以说："不行，饭吃了以后再去玩。"也可以说："行，吃完饭后就去玩！"

同样的意思，不同的表达。说"行"是积极的，说"不行"是负面的。

所以要少直接对孩子说不，你可以换一种方式发表，同样一个意思，你可以批评孩子，"不要乱跑"，还可以说，"来，坐在我身边"，意思就是叫他不要乱跑。

孩子的思维模式，只会记住不行后面的内容，而过滤掉"不"那个字。你越说不，他就越去做。你说不要偷看，所有的人都要去看一下，看一下到底是什么东西。

2. NLP 技术

星期二下午第二节课，天气很热，教物理的我走进高二(2)教室，电风扇吱吱地叫着，我很烦躁，总感觉有学生在说话。我看见黄东东和同桌在谈笑。我停止了讲课，希望能引起他们的注意，可是他们并没有意识到我的苦心。我只好说："黄东东，你们别讲话了。"

"我没有说话！"黄东东马上反驳。

"我看见你们说话了！"我加重了语气，心里特别失望、焦虑和无助。

"放屁！"他说完低下了头。

我愣住了，无助、焦虑涌上心头。

教室里死一般的安静，一场暴风雨就要来了……我怎么办？回到办公室？找班主任？找校长？动手？找家长？

很明显，黄东东是犯了错误的，我的目的是让他承认错误。怎样才能达到目的？我告诉自己先处理情绪。深呼吸，让自己平静，我知道，生气是不能解决问题的。

过了一会儿，当着全班学生的面，我对黄东东说："现在给你两个选择，一是安静地在教室里继续听课，二是到我的办公室待着，让自己冷静下来。

黄东东选择留在教室里听课。

下课了，我把黄东东请进办公室。这时我最想做的是把他多年来的污点全部搬出来，说他没教养、影响别人听课，说他伤害班级的同学，说他没有良心……以解决自己的郁闷和无助。

黄东东也做好了应对我的批评，站在我的旁边、手放在口袋里，木然地看着窗外，一副死猪不怕开水烫的样子。我压低声音说,："事情已经发生，要解决，我对事不对人，你把今天的事情经过陈述一下。"

他说了今天的经过，承认了说话，承认了骂老师的错，他还说不是故意骂老师，是口头禅，和同学说话也经常飙出来。

"但是，你为什么老是针对我呢？课堂上又不是我一个人说话，为什么你总是批评我呢？"（行为后面有动机！）

"……事情已经清楚了，你上课说话影响了班级的纪律，虽然不是故意但还是骂了，我们商量一下，怎么处理。"黄东东说："那等一下，我在班级里当着全班同学的面向你道歉，你同意吗？以后我也不会再说话了，如果有不对你用班规处理我。"

我同意了。

NLP技术，N指神经系统，意译为身心；L是指语言，指我们沟通中所用的字眼、短句和音调及一切身体动作；P是程序，我们就是通过语言来影响自己与他人的身心。同样，他人也通过语言来影响我们。这个影响的过程，NLP称之为程序。

先处理情绪，再处理事情……最担心不理智。

沟通的意义取决于对方的回应……最担心刀枪不入。

有效果比有道理更重要。道理学生都懂。

每一件事至少有三种以上的解决办法，重复旧的做法，只会得到旧的结果。

把焦点放在解决问题上，而不是问题本身。

六、激励学生自我成长的支持技术

关怀、鼓励、强化,让学生获得尊重,激励学生自我成长与自我超越。激励可以通过口头鼓励和赞美;非语言信息如点头、微笑、信任的眼神和鼓励的手势。

我从事学生心理辅导工作已近二十年了,每天都会收到学生的心理咨询的信件,面对一封封心灵的直告,我一直感动着学生对我的信任;我给不少学生上过课,校内、校外都有,笑声过后,赞美过后,我一直反思我何德何能让他们这么厚爱。多年来,我怀着感恩的心情认真地工作,感谢最多的是我的学生。是学生让我的心灵飞翔,是学生让我的灵感萌动,也是学生让我找到了教育价值的体现。

记得在讲 ABC 理论时,我讲了一个故事接龙:

古时有一位国王,梦见山倒了,水枯了,花也谢了,便叫王后给他解梦。王后说:"大势不好。山倒了指江山要倒;水枯了指民众离心,君是舟,民是水,水枯了,舟也不能行了;花谢了指好景不长了。"国王惊出一身冷汗,从此患病,且愈来愈重。后来,有一位大臣参见国王,他做出了另外一番解释,国王听了全身轻松,很快痊愈。假如你是这位大臣,你将如何向国王解释?

我让学生角色扮演,并要学生讨论发言。

学生很有感触,有的说皇上,山倒了好呀,山倒了刚好把敌人压死了;水枯了好呀,水枯了敌人的船就不能进来了;花谢了好呀,花谢了，要变换季节了，可以穿新衣了。有的说皇上太好了，山倒了指从此天下太平；水枯了指真龙现身，国王，你是真龙天子；花谢了，花谢见果子呀。

最后有一个学生说：老师，前面两个问题我说不来，花谢了我认为对皇上这样说较好，皇上花谢好呀，花谢了指皇后老了，该换一个了。

这个学生说完大家都笑了。

在上《抉择》这一课中，我设计了这样一个情境：

(假设)终有一天，有一颗体积庞大的陨石即将撞击地球，人类将要灭亡。一位科学家发明了一个特殊的核保护装置，如果谁能够进入其中，谁就能生存下去。假如你是这个保护装置现有主人，这时来了10个陌生人请求得到保护，但是装置中的空间、水、食品有限，只能容纳7个人，也就是说，人类只能有7个人生存下去。现在请你做出抉择，让谁生存下去，谁只能面临死亡，说出你选择的理由？请你排列抉择的先后顺序。人物背景资料如下：

1. 小学老师
2. 12岁的小女孩
3. 年长的和尚
4. 年老的病人
5. 外科医师
6. 怀孕的妇女
7. 著名的作家
8. 著名的歌星
9. 优秀的警察
10. 足球运动员

学生经过思考后，回答得也相当精彩，有学生说选1. 怀孕的妇女；2. 12岁的小女孩；3. 小学老师；4. 著名作家；5. 外科医生；6. 著名的歌星。他解析说，怀孕的妇女有两条生命，12岁的小女孩代表未来，小学老师教孩子读书的，请著名作家把这个惊天动地的事件写下来，外科医师首先是为怀孕的妇女接生还有为大家看病，著名的歌星能给他们带来快乐。许多学生都有自己的选择，也说了自己的道理。

最后有一个学生说老师要我选，首先要选年长的和尚，因为地球上死了这么多人需要和尚超度一下……学生的回答出乎大家的意料，并且非常的合理，听了让人会心一笑。

有的学生在回答所谓正经题目时一筹莫展或套话连篇，但在心理辅导课上却灵气飞扬，这说明了什么？我认为人的思想如果没有了负担，必将成为自由飞翔的思想雄鹰或纵横驰骋的感情骏马。

应用支持是在学生信心不足时，学生表达小声、无力、模糊、不肯定时，面临挫折却难于克服，几经努力难于突破时，团体疑惑或动力不足时，全班同学在讨论是否有效，能否深入探讨问题，能否提出解决策略而深感疑惑时，教师的高度支持是全班的强心剂。

七、搁置自我需求的倾听技术

九岁的孩子回到家里，情绪非常糟糕，看到妈妈在厨房里。

孩子：妈妈，张老师是个大笨蛋！

妈妈：怎么可以这样说老师呢？

孩子：他毫无理由地对我大喊大叫。

妈妈：肯定是有原因的！

孩子：我只要一张纸。

妈妈：你连一张纸都没有吗？

妈妈：跟你讲过多少次了，每天上学之前检查好文具和用品，如果这些都准备好了，课堂上这样的事情就不会发生了。你应该给老师批评，没有开除你是给你面子！

孩子：你好烦！只见孩子顺手用力"啪"一下，狠狠地关上自己房间的门。

上面的亲子对话明显是妈妈很强势，认为孩子不对，妈妈批评孩子，孩子又不接受妈妈的表达。妈妈没有认真听孩子想说的话。一般处理孩子情绪的四句话：

你看起来很生气。

想哭就哭吧！

什么事让你这么伤心？

我们来想想有没有更好的方法，好不好？

从"教育"到"辅导"
——心理健康教育视野下的德育工作

倾听的艺术是先把自己隐藏起来，把别人突显出来，这可不是简单的工作，因为我们也许太有兴趣指导或改善他人，因而未能与他人的看法真正开放。父母如果不能暂且搁置自己，急于纠正孩子的渴望，就会在倾听孩子的过程中发生问题。克制自己想说话的渴望，听起来比做起来容易，毕竟你有自己的想法。

在日常生活中，你可能不会觉得倾听有负担，但每当需要与人谈话超过几分钟时，你可能会感觉到用心倾听的压力。

你要保持沉默，还要表现无我。与学生在一起，我们很难把自我搁置起来。想想看我们跟另一位成年人在一起，而对方是我们不希望把他牵扯进去（特别是我们有困难的时候）的人时，就更难把自我搁置一旁了。但我们必须把自己的记忆、渴望和批判搁置一边，听别人说完话，让他知道你了解他说的，如果你听得很正确，对方会觉得你了解，而心存感激，如果你听错了，你的回应应使他有机会解析。

倾听是辅导最基本的技术，辅导者应该认真倾听学生所说的，积极主动地关注语言和非语言信息，这样才能使团体互动更为多元、更为热烈、更为和谐。尽量不要在中途打断对方叙述，不宜做其他的事，不表现厌烦、不悦的表情；适当地用点头、微笑、嗯。

八、澄清问题的重述技术

重述不是简单重复成员说过的话，而是在倾听之后，以更清晰、更明确和更恰当的语言重新描述对方所传递的信息。它包括把信息加以浓缩、精简，突出重点，以准确的字眼表达给对方。重述包括了教师的分析、理解、判断和概括能力。有助于对方更清楚了解自己的感觉和观点。

我以课例《换位思考，你也可以很受欢迎（人际交往篇）》回音壁环节为例。

首先，要求学生回顾下同学之间的相处，写下记忆深刻的，感觉自己不受欢迎和不喜欢他人的一些事情和行为，并记录当时心情。（学生回忆并且记录数分钟后，小组内分享，并推荐1~2名班级分享）

教师设问：在你纸上留下的是一个怎样的故事和心情？

学生：我们前后桌四个原本关系很好的，我同桌经常跟我说我前面那个人的坏话。然后我在边上随便听听，有时候只能随意笑笑，也不好意思说她什么。谁知道她后来竟然跟前面的人说是我说她的坏话，根本不是我讲的，是她自己一直在讲，我只是在边上听。（感觉到自己被误会，很委屈，说着说着就哽咽起来了）

教师走进学生，摸了摸该女生的头，关注学生，安抚学生情绪。

教师重述：我可以不可以这么理解，你的同桌说了你前桌的坏话，却说是你说的？

学生：是的，我根本就没说什么。我斜对角的同学跟我说，是我同桌跑过去乱告密，分明就是她恶人先告状。后来……（哽咽）后来，她们三个都不理我了，后来（好多人）都……都在我背后指指点点，我实在（受不了），后来只好转班了。

教师重述：听得出来，这件事情让你感觉到很委屈，很气愤。（共情+重述）貌似事情也有点复杂，让我们来理一理，好吗？关于告密的事情，你是从你斜对角的同学那听说的。后来连同她在内的三个同学都不理你呢，还在你背后指指点点的，于是你转班了？

学生：是的，那一刻，我感觉明明错不在我，我却成了最不受欢迎的人。

"重述"的主要目的是可以让发言者了解，辅导教师已经听懂了他传递的信息；如果他认为辅导教师的理解是完整的，他就会愿意进一步阐明自己的想法；可以帮助辅导教师"核对"自己是否正确无误地听懂了发言者讲述的内容，澄清或者确认互动信息，使学生感受到辅导教师的主动倾听、支持与尊重。

在"重述"过程中，尽可能用自己的话来表述，要避免原原本本重复发言学生的原话。尽量避免使用专业术语。重述要采用有弹性的语气来说，用词和句式不宜过于肯定，以便发言学生有可能纠正辅导教师某些不甚准确的解释。

例如："你刚才好像说……"

"你的意思似乎是说……""不知道我理解是否正确，你大概认为……"

……

九、轻轻提醒的引导技术

引导是理清学生思路、避免学生偏离主题或表述明显错误见解的重要技术。对学生的观念偏差或负向认知，不宜训斥、批评，不必强求学生改正或服从，而只需激发学生群体的求异思维，并引导学生深入讨论，便可基本澄清是非得失。对偏离主题的发言可采用轻松态度做提醒；涉及深层次情感的引导，要考虑学生的承受力和时机的适宜性。

引导语很重要，可参考：

你觉得……	你似乎……	根据你的观点……
根据你的经验……	据你所知……	你想说……
你相信……	你的意思是……	我觉得你……
可能你觉得……	我不敢十分确定，你的意思是不是……	
我得到的印象似乎是……		我猜想你是……

十、一心一意的专注技术

用语言或非语言的信息传递尊重、接纳学生的基本态度。可以从下面四点体态语言开始。

1. 面对学生，尽量维持平行。如学生站着，教师也应该站着；学生坐在椅子上讨论，辅导者最好是身体前倾，坐在学生面前，与学生尽量近些。

2. 视线接触，人类的脸部表情中眼神最能传递信息，如果视线不接触，则表示怀疑、敌意、逃避的信息。在辅导者的眼睛里让孩子读到包容、温和、温暖、鼓励和肯定。

3. 保持开放的姿势，教师与学生沟通时不能双手交叉抱胸，如果这样，学生就会感觉老师有防卫心态。

4. 身体稍微向前倾，表示想听学生每一句话。

十一、引导自我探索的发问技术

发问的目的，引导学生如何自我探索，以协助探索自己的思想、行为和情绪；协助学生探索更"具体"的事实，提高学生对问题的明确性、清晰度；引导学生发现解决问题的新资源和新策略。

而在课堂或在谈话中如何发问呢？我以课堂辅导为例说明。

教师设问：你能勇敢地跟同伴分享另一个隐藏的"自己"吗？遇到这个"隐藏我"，你的感受又是怎样的呢？（教师需要创设安全氛围，并且鼓励学生，接纳"隐藏我"能够获得意想不到的收获）

学生：歉意，深深的歉意，觉得自己太不负责。

教师点头表示关注，示意学生继续分享：能试着说说看发生了什么事情吗？

学生：我们是多年的朋友，初三的时候，我做错了一件事情却让他背了黑锅。当时我没有勇气向老师坦白是我做的，而让老师继续保持对他的误解。后来我们一直没讲话，好几次我经过他的课桌前，想向他道歉但最后却没有这么做，后来他压力太大转学到上海去了。我很内疚！

1. 确认信息：抱歉，刚才你说"……"这一句，我没有听清楚，请你再说说；你是想表达这个意思吗？

2. 解释、澄清信息：你说到本周与同学相处不愉快，请你说清楚一些。你刚才说不喜欢小华，现在却说她还是比较可爱的，似乎有点矛盾，请你说说看？

  3. 寻找新的策略和目标：你刚才的说法挺好，还有更好的办法吗？多问开放式的问题，语句力求精简，对学生予以支持，先全体提问后指名提问。

十二、换位思考的角色扮演

角色扮演是指让学生设身处地地扮演一个真实生活中不属于自己的角色，将自己放入到他人的生活中，通过他人的眼光来看世界，使学生得以明晰问题。体验人际的冲突，常能促使学生探索自己的行为产生的原因，及其对他人的影响。

缓解情绪，班级学生的内心不满和积压的情绪，如果通过扮演这一不算真实却很安全的情境来表露，往往可以获得情绪的缓解。

增进成长，扮演能让学生深入探索自我的内在层面，促使学生心智的成长。角色扮演理论是以米德的角色理论和班杜拉的社会学习理论为基础发展起来的。

有一个高二女生，她觉得自己做了很多错事，但从来不敢在父亲面前承认，甚至不敢和父亲打招呼，平时就是写信给父亲，也特别客气。

那天上辅导活动课的时候，有一个老师扮演她的父亲，她扮演女儿，训练碰到她父亲的时候她怎么开口，她鼓起勇气进行训练。然后老师扮演她的父亲，和她讲了一些话，她通过两次的训练以后，产生了一种莫名的信心，回去的那一周，她就很主动地跟她的父亲沟通了。这个事件困惑她很长时间，通过几次训练之后解决了。

十三、重体验重分享的游戏技术

游戏技术是指以游戏活动为中介，将参与者的内心世界投射出来，达到辅导目标的一种团体辅导形式。

游戏被视为自然沟通媒介时，游戏的效果才会真正显现出来。当儿童自发地参与游戏的过程时，会比语言更能直接表达自我，下面列举几个常用的游戏。

1. 信任背摔

信任背摔游戏又叫"信心跌"，一个班级一个学期做一次这个活动，感觉挺好，既能充分发挥团队的合作意识，调动大家的团队配合精神，也能叫学生们领会到信任是合作的基础，合作是成功的前提。

(1) 游戏规则

做游戏的人站在一座1.6米高的矮墙上，为了防止摔下去时手臂伤人，要将双手绑在自己胸前，然后背朝墙下，身体站直，直挺挺地向后倒下去。下面有8人面对面站成两排，每个人都伸出双臂将上面倒下的人接住。游戏过程中，当事人要说："×××，我遇到麻烦了！"，下面的人要回应："×××，没关系，我们支持你，请你放心地倒下来！"

(2) 感受体验

A：当我站上去的时候，我说了一句话"郑蓓蓓，遇到麻烦了"，可是居然没有人回应我，于是我回过头来看了一下，我意识到下面没有人愿意支持我，我不敢倒下去。这个时候我重新说了一遍："郑蓓蓓遇到麻烦了"，下面的人一齐说："郑蓓蓓，没关系，我们支持你"，我感觉这句话效果特别好，有了这句话的力量，我鼓起勇气顺利地倒了下来，非常舒服地掉在了大家编织的"手网"上。

B：我感觉这个活动做了之后，整个班级的氛围特别好，我自己足足有170多斤。当我说："邱友欲，遇到麻烦了！"台下所有组成人床的同伴异口同声地回答："邱友欲，没关系，我们支持你！"我感觉这就是一种承诺。团队同伴的承诺是一种宝贵的资源，是勇气、力量和信心的源泉。

2. 口传句子

当过政教主任的我，处理学校的学生打架事件比较多，往往会碰到学生与学生之间的打架问题。有一次，我问一个学生打架的原因，他说"我打他的原因是因为听别人说他晚上要叫人打我，为了不让他先打我，我就先叫几个人把他打了，然后双方就打起来了。"用口传句子的游戏能有效减少学生间的摩擦，是预防学生打架的辅导教育活动之一。

(1) 游戏规则

班主任事先在纸板上写好一句话，比如"嫂子带着孩子带着钩子上集市买果子"。学生轮流着口耳相传，传话的学生都以"我听到了……"开头。再让最后一名学生说出答案。

(2) 体验感悟

平时的流言蜚语特别多，那"口传句子"的句子也就比较多，老师给我们说的这句话，"嫂子背着孩子提着篮子拿着钩子到山上摘果子"，传到第十二个学生变成了"山上一个孩子没穿裤子"，经过若干次传递以后，这句话早已面目全非了。所以，游戏过后，我也开始对流言蜚语有了更正确的认识。

3. 我思念

"我思念"这个游戏做了之后会很有感触，没有想到自己被思念的学生十分激动，心想自己应该被谁思念而没有被思念的学生有点失落感。这个游戏能审视群体，探讨学生间人际关系，对学生养成理性对待人际关系的习惯有较大的帮助。

(1) 游戏规则

一班学生围圈平坐，由四位学生合作说出一句话："月弯下，沙滩上，我思念，我思念×××"如：

学生1：月弯下

学生2：沙滩上

学生3：我思念

学生4：我思念×××（同班同学姓名）

被学生4思念的同学上前两人拥抱（同性别）或握手（异性别）。

(2) 体验感受

A. 满意。给你留下最深刻的印象是什么？当同学们都流泪的时候，我感受到同学们的心都是连在一起的，班级上没有谁孤立谁，虽然有些矛盾但是大家的心还是连在一起的。

B. 满意，今天我哭了，老师每一次叫我做"我思念"的游戏的时候，我都好紧张。因为班级里有很多好的朋友，我不知道思念哪一个，一旦有好友思念的不是我的时候，我就觉得好失败，好孤单，一种被冷落的心情涌上心头，我觉得好不开心。一旦看到其他同学又思念我的时候，我就感觉到好感动。

C. 满意，当她对我说，至少还有我的时候，我终于明白了，你想的人她不一定想着你，但总有人想着你。

这是很简单的一个游戏，有时候学生的感受很深，你想都想不到。

4. 心有千千结

这个游戏实际上还是非常有意思的。这个千千结，理论上是解得开的，但偶尔也有解不开的可能。但是比解开解不开更有意义的是，参与的学生能从中体会到协作的重要性，增强团体的归属感，激发学生的奋斗精神。

（1）游戏规则

8~10人为一小组围成一圈，手拉着手，记住你的右手抓住谁的左手，你左手抓住谁的右手，然后放开，全部打乱，再找原来的手旁边的人，向中间靠拢，然后解开到原来的样子。

（2）体验感受

《心有千千结》的游戏给我感触最深。当我们按照老师的要求打乱原先的顺序，然后再拉起手时，乍一看好多的手纵横交错，简直就像一张乱七八糟的网，所有的人都挤在一起，让人摸不着头脑。游戏开

从"教育"到"辅导"
——心理健康教育视野下的德育工作

始了,我们仔细地观察着"结"的情况,试着努力去解开身边的结,在前两次不停地穿插、翻转过后,情况似乎并没有明朗化,也许台下的老师会觉得我们的"结"反而越来越杂乱了,因为有的人看上去已经被缠得动弹不得了。

虽然老师一再强调也许能解开,也许不能解开这两种情况,不过我还是满怀信心的。我们彼此都很熟悉,大家都很信任对方。再转过一次后,我右手边的同学巧妙地提点了一句,我们找准一个点观察手结的情况,上套下钻,期间空隙较小,周围的同学们就协力为我们拓开空间,当我俩转出去的时候,整个"结"松开了,情况一下子明朗起来,这错综复杂的结居然顺利打开了,此时整个教室突然响起了一片掌声,我想他们应该是祝贺游戏的成功吧。

在我看来,生命的本身只不过是用有限的生命去追求无限的满足的一个过程。在现实生活中有很多的"结",不仅有和他人产生的"结",更有自己心中难解的"结"。有结,就有种种的不如意,就有种种的烦恼和忧愁,就会有无端的压抑和苦闷。

俗话说:"心病尚需心药医,解铃还需系铃人","拨开世上尘氛,胸中自无火炎冰竞;消却心中鄙吝,眼前时有月到风来。"做人,就需要有一些洒脱,需要有一些超拔,需要有一些大度,更需要有一些宽容。不要老跟自己过不去,也不要老跟别人过不去。只要用心,彼此信任,有时候稍稍退后一步,就能解开心中的千千结,如此,生命才会轻松洒脱、有滋有味。

5. 鸡蛋、鸟、人、神

这个游戏虽然只是简单的猜拳游戏,但因为猜拳的输赢决定着升级和降级,创设了挫折情境,在游戏中体会进与退,体验挫折,能够折射出人复杂的心理感受。

(1) 游戏规则

在这个游戏里面，开始大家都是鸡蛋，都蹲在地上，然后两个鸡蛋随机一对一进行猜拳，胜者变为鸟，半蹲着；鸟再找鸟猜拳，胜者变为人，站起来；人再找人进行猜拳，胜者变为神，回到座位上。在PK过程中，只能同级进行PK，如果猜拳输了，则退化一个级别。

(2) 体验感受

第一次参加这样的心理成长团体活动，我觉得新鲜也充满期待。在整个活动过程中，让我印象最深的还是第一个热身的环节。

在第一个"蛋、鸟、人、神"的环节中，全体成员以剪刀、石头、布的形式来完成蜕变。刚开始我就有点小担心，自己会不会完成不了这个蜕变，但又转念想想，自己应该不会如此背运吧。于是，我就带着这样有点兴奋，又有点紧张的情绪进入了活动。

第一次从"蛋"变成了"鸟"，让自己更加充满信心；又从"鸟"变成了"人"，离成功很接近了。可是却在第三局中，不幸从"人"退回了"鸟"。

第四次居然又输了，打回了原形，成了一个"蛋"。

那时很多人，已经开始变成"神"，坐回椅子上了，而自己却还是原地踏步，开始有点紧张了。开始紧张的我，发现之后很难成功，刚成为"鸟"，马上又变成了"蛋"。

随着时间的推移，场地上的人越来越少，而自己却还是无助地在寻找可以比赛的对象。当我好不容易从"蛋"变成了"鸟"，又变成了"人"时，才发现，场地中，只剩下了我一个"人"，我无法完成"神"的蜕变了。有点小小的失落，有点小打击。

想到最初的预感，原来可以成真，是自己运气差，还是自己技不如人呢？活动的过程，我体验了参与的乐趣，但心里还是有点小小的失落,对自己的一份不自信吧。

6. 蒙眼跟进

这个游戏能让健康人体验一下盲人的感觉,更重要的是体会别人帮助的重要性,培养学生的同理心能力。

(1)游戏规则

两人一组,一个同学做盲人,另一个做帮助盲人的人,盲人蒙上眼睛,原地转3圈,暂时失去方向感。自己先体验突然失去视觉的无助感,然后在同伴的搀扶下,沿着选定的路线(室内室外结合,如上楼、下坡、拐弯)走一圈,最后回到原点。

其间双方不能讲话,只能用手势、动作帮助"盲人"体验各种感觉。活动结束后两人坐下交流当"盲人"的感觉,与帮助别人的感觉。然后互换角色,再来一遍,再互相交流。

(2)体验感受

刚刚蒙上眼睛,眼前一黑,陷入一片黑暗。转了三圈,我完全没有了方向感,同时也没有了安全感。我觉得很无助,甚至有点绝望。即使知道前方是平地,但我仍然不敢迈开自己的腿。我第一次体验到了盲人的感觉,真实的感觉。我感觉我特别需要别人的帮忙。当我发现有一双手向我伸过来时,我紧紧地抓住了它。刚开始我仍然不敢迈开腿走,哪怕是挪动微小的一步,因为我无法完全信任他。但最终我克服了这种恐惧,在对对方完全信任的基础上,我们完成了这次体验活动。

……

所有的游戏一开始都是新鲜的，但是所有的游戏用烂了以后都会令人生厌。学校心理辅导活动课的素材蕴藏在学生鲜活的生命之中，我们必须深入到学生的班级中去，去感受班级团体日常运作的原生态，去了解学生班级生活、宿舍生活、课外生活的生命故事。挖掘和提炼出有声有色、有创意的心理辅导活动课的素材，也就是说从学生中来的素材才是最有体验的。

第五部分

辅导实例展示

一、哀伤辅导的理念和操作

说者，不是能者，只是讯息的传达者；

分享，只是知足，并不是他人不足。

让我们先分享一下台湾的做法：

高雄市洗衣店大火造成四死两伤。罹难者中的李家兄弟就读高雄市新上小学五、六年级，校方对学校学生进行心理辅导，协助他们宣泄悲伤的情绪。新上小学聚集五、六年级学生一起为两兄弟默哀，并请教育局学生心理谘商中心进驻，启动学生心理谘商辅导。三位专业辅导教师分别到李家兄弟就读的班级进行辅导，在心理谘商师的引导下，同学们写下他们的不舍与思念。校长也提醒老师要为学生做心理辅导，辅导处适时下发"校园危机后班级学生处理辅导"须知，供各班老师参考，以进行班级团体辅导，借此降低同学的心理创伤；另外，也请老师及家长协助观察，依据"创伤经验症状量表"记录学生的心理反应；校方根据评估状况，另行安排小团体辅导、班级哀伤辅导，并后续观察，对需要个别谘商辅导的学生安排个别辅导。

上面是台湾一个学校发生校园危机事件后的处理办法。

下面是一个学校发生自杀事件后，我做的心理辅导，有一个同事记录了下来，现在我与大家分享一下。

哀伤辅导亲历记

某日，一个非常偶然的机会，与县教科所林所长、教育硕士陈老

从"教育"到"辅导"
——心理健康教育视野下的德育工作

师一起到某中学进行一学生自杀事件后的同伴哀伤治疗活动,由好奇担心到惊叹折服,经历了一次特殊体验。若非亲眼所见整个过程,很难相信哀伤疗法有这样神奇的魅力!

那天下午三点半左右,林所长在我们众人的期待中如期出现,一身的朴素浅色调的传统衬衣,也许这是特地为哀伤疗法准备的,但他熟悉而亲切的脸上表情显得很轻松,很平静,这也许是成熟的心理理疗师所应该具备的。

尽管人来人往,校园里也欢声笑语的,一切好像都没发生过,但隐隐约约中,我们仿佛感觉到全校笼罩在一种莫名的哀伤气氛之中。乡村学校办学条件一般,几乎没什么多余的场所,再加上该校刚好危房拆建,所以一开始,我们就和有关老师商量辅导地点问题,我们要求选择一个相对安静温馨的地方。

他们首先建议的是政教处办公室,我们觉得狭小拥挤并不适合。后来,校方向我们推荐刚装修一新的会议室,场地还算宽敞,但中间有会议桌隔着,勉强还算凑合。学生也是临时集合的,经过多次的地点折腾,还耽误回家时间,她们显得有些不耐烦,甚至对我们的到来充满排斥。

刚到会议室,学生就嘻嘻哈哈,显得兴奋无比的样子。甚至故意开起了玩笑:"老师,你发的笔能送我们吗?还有什么纪念品吗?"笑声中充满怪异,他们用奇怪的眼光看着我们,嘴里还念叨着想早点回家。

秩序安顿后,该校德育副校长做了简短的开场白,说明我们的身份和来意,没想到学生的抵触情绪较之前更进一步:"老师,我们没病!""老师,辅导要钱吗?我们没钱!"

我心里想:这样的情景能行吗?我偷偷地看了一眼林所长,他面无表情,十分冷酷严肃,只管自己拿出笔记本电脑和有关书面调查材料,并要求该校所有的老师退场,并再次确认门窗的关闭状况,拉好所有的窗帘，会议室里面显得有些阴暗和封闭。

接着，他用沉重低沉的声音再次介绍我们三位的身份，并且以人格保证严守秘密，不会透露任何消息，希望大家也一样！他要求大家严肃对待下午的活动，我们要进行一场生者与死者的告别仪式，并一针见血地指出："你们嘻嘻哈哈的背后，内心有一种结尚未打开，需要加以化解，不要选择逃避。"

林所长突然在眼神中透露坚毅，迸出冷光，有种法师做道场的威严。这时，学校有位老师进来拍照，也遭到林所长严厉地拒绝。

有女生提出："老师，您不要用这样的语气和我们讲话，好不好？"林所长未加理睬，依然如故。

看来，学生的心理防线已经开始被冲破，根基已经被动摇，开始接受和配合我们的辅导活动，甚至已经走进我们铺设的情景之中，已经被林所长特有的气场所震慑。

接着，首先下发有关书面调查材料让学生填写，学生非常配合，甚至问起自己不太清楚的问题。

之后，现场调查有"梦见她或者闭眼就能想起她"的情况，大部分学生都有这种现象，这让学生意识到问题的严重性和必要性，觉得老师很神奇，能猜测我们的心理和想法，接下来，学生就更加配合了。

林所长要求学生闭上眼睛以自己最喜欢坐的姿势坐好，大部分学生很配合地选择趴在桌上，可以说已经完全放松了对我们的警惕。

此时，林所长突然问起死者的名字，并大声告诉各位"她死了！她真真正正地死了！"这句话，现场让许多人回到不愿意面对的现实中来，我听到学生中有些许抽泣声。

接着，林所长用不紧不慢的语气重述该死者的自杀经历，引导学生回忆与死者在一起的点点滴滴，用十分诗情的"春夏秋冬"加以回忆，学生的哭泣声在由弱到强地加大。

林所长继续加以引导："想哭就大声地哭出来吧！"于是，哭声此

从"教育"到"辅导"
——心理健康教育视野下的德育工作

起彼伏，互相感染，情绪有些失控。

一阵子后，林所长叫大家抬起头来重新坐好，学生原本有些红肿的眼睛更加红肿。

林所长要求学生把自己要对死者说的话写下来，就像死者现在就在我们面前，你有哪些话要对她说，大胆地写下来。

好多学生写了好多话，字数不下千字且十分流畅。大约二十分钟后，林所长鼓励大家把写的话说出来，大家还是很羞涩，难以说出口，甚至拒绝，要求我们自己看。再三动员，有个别学生边读边哭，情绪再次感染了大家。

最后，每位学生离开座位将写满心里话的纸放在事先准备好的铁桶里烧，传给远在另外一个世界的好友，寄托现实中的我们深深的哀思，无比虔诚，无比神圣！

最后，林所长指出，我们已经做到我们所能做的一切，死者选择这样的方式结束自己，是她自己的选择，与我们无关！

我们要重新选择自己的生活，重新接受现实中的一切，一切也将重新开始！

有的孩子已经露出淡淡浅浅的苦笑，仪式结束时，大家饶有兴趣地记录林所长的邮箱，心情无比平静，与之前的对抗判若两人，俨然由对手变为朋友。

学生走后，我如释重负地向林所长竖起大拇指，连说他是奇人，实在了不起！他谦虚地说："其实，我们还可以做得更好！这里的环境条件还欠缺一些，中途有学校广播音乐干扰，还有人中途敲门，没能完全创设安全的心理环境，没有播放我们所需要的音乐和放置适合的情景道具等。"

临结束时已经是五点了，我的情绪也随着学生的表现而起伏不定，甚至连大气都不敢出，不敢中途离场，不敢接听电话，甚至不敢用笔在写些什么，整个过程全凭记忆。

以上是一个听讲的老师的记录，上面是一次学生自杀事件后，我对她的好朋友们进行辅导的过程。

(一)哀伤辅导的理念

对创伤的正确认识，不需要也不必期待个人很快地从创伤中走出。悲伤常被标示成病态、不健康、打击士气，这是错误的观念。有些创伤也许终生都不会完全过去，当事人更需要我们帮助去勇敢面对创伤事实。那么，面对创伤事件时，学生可以做什么呢？

告诉学生受创后的身心反应是正常的，鼓励学生尽快恢复生活常规。

鼓励学生分享受创经验与应变心得，教导学生表达关怀与提供帮助的适当方式，关心、陪伴与倾听是受创学生最需要的帮助，指导学生接纳自己的哀伤和某些退化的行为，告诉学生如何运用学校与社区资源来帮助自己。同时，老师与辅导人员应随时观察、反思，及时调整辅导方式。

1. 问题的缘起

6月13日，中考的日子，我在某中学巡视。8时15分接到一个陌生电话，是一个学校的政教主任，说昨天(周日)有两个男生(小学生)在山塘里游泳，溺水死亡。今天上午全班的43名学生哭得很伤心，根本没有办法稳住学生。整个学校像炸开的锅……他问我当务之急应该怎么办？

之后又接到了一个学校专职心理辅导老师F的电话，也是我带的研修班的学员，他向我说起了之前的溺水事件，出事学校有他的同学，也在咨询他对这件事的处理办法。

晚上打开QQ，看到F的留言："林老师，说起来有点惭愧，读了

从"教育"到"辅导"
——心理健康教育视野下的德育工作

四年大学,工作了三年,还真不知道有悲伤辅导这个说法,今天又让我领略了你的见多识广,我要好好地补上这一课,为大家服务。"

当时,我本来想约上好朋友一起给那些孩子进行哀伤辅导,后来由于事务繁多,没能成行。但我心里一直记挂着,一直想去学校与学生们见见面。于是9月18日,我约研修班的雷同学一起去事发学校做了一次调研。

在校门口碰到了校长,我问了校长溺水事件后学生的情况。校长说,那一天哭过后学生就"没有事"了,学生没有提起,学校也没有提起,大家集体遗忘了这件事。

听了这话,我感觉自己专程来到学校好像是有点多此一举。当然我没有责怪校长,他只是按自己的理解实话实说而已……

学生真的就忘记这件事了吗,两个朝夕相处的同学死亡真的对大家没有影响吗?肯定不是校长说的那么简单。

2. 死亡事件对当事人的影响

生老病死、自杀、车祸,人类每天都要面对死亡。

2010年,我国有16万多名中小学生非正常死亡,几乎每天都有学生因意外事故而离世。

中小学生非正常死亡,给家庭和社会带来的伤害无法估量。造成中小学生非正常死亡的主要原因有:食物中毒、交通事故、溺水、自杀等。

学生如何面对至亲死亡,也是一个课题。下面重点探讨死亡发生后学生的心理反应。

(1) 内疚负罪感

开篇所述事件后,我与该班班主任交谈,了解到与溺亡者要好的两个男孩子认为,当时自己如果不叫溺水的同学去钓鱼,那么他们也就不会有事，这件事一直折磨着这两个男孩子。在对全班学生的调查中，我们发现有三分之二的学生有梦到和溺亡者一起玩耍、开玩笑。

在天灾人祸中，幸存者大多会有很深的自责与内疚情绪，面对亲人或朋友的突然离开，幸存者在无法接受事实的同时，会回忆起许多以往生活中自己没有好好对待、照顾亲人的往事，从而更加觉得自己对不起逝者，让自己陷入内疚的自我折磨之中。

"如果当时我……就不会发生这样的事……"似乎真是自己的错误导致了同学的死亡。

（2）失控无助感

一个50岁的女士，老伴因癌去世。事情都过去一年了，她就没有做过一餐饭，因为做了没人吃。其他的事也不做，做了也没有意思。

许多失去亲人或者亲近者的人，在事发的几天里心里感觉到很虚无：没有动力，没有目标，生活规律、节奏、习惯被破坏，不知如何应对。因为当事人与内心世界连接客体的消失而产生被抛弃感。

（3）孤独感

一个失去奶奶的12岁的男孩子，自奶奶去世的那天起，就不与其他小朋友来往了，整天躲在自己的房间里不出来。孩子也很少与父亲说话，孩子的父亲担心孩子会出什么意外，联系了我。

孤独感是封闭心理的反映，是感到自身和外界隔绝或受到外界排斥所产生的孤伶苦闷的情感。

亲人离去导致当事人原本投注于外部（丧失客体）的情感因无处投放而收回，而导致当事人出现强烈的孤单感。亲人、朋友是当事人生命中的重要他人。创伤事件发生后产生一些负面的情绪是正常的。

但如果当事人遭遇创伤事件后的相当长时间内，仍停留在严重的病态哀伤中，必将影响学生的生活、学习。对于这一类型的学生，只有有效的辅导才能协助他们转化悲伤，恢复正常生活。

(二)哀伤辅导的操作过程

哀伤辅导：弗洛伊德认为，哀伤是对失去过去(客体)的一种纪念方式。哀伤及其过程是涉及思想、情绪、行为和躯体感觉的整体过程，它对于重建心理平衡、恢复自我功能是非常重要的。

哀伤辅导具体如何操作？

我结合在某中学进行的一学生自杀事件后的同伴哀伤辅导，来谈谈对哀伤辅导的理解和具体操作过程。

1. 协助当事人体验失落

悲伤的形成是因为当事人丧失至亲好友后，正常的情感失落，如果不能正视，就无法抚平内心的伤痛。

承认死亡的事实，接受死亡的结果，对于悲伤者而言，是极为关键的。

只有在接受死亡的真实性及终结性时，才能把投注在死者身上的情感移开，才能与死者确立新的关系。

丧礼仪式便是协助生者体认失落功能的有效办法之一。

祥林嫂最后为什么会成为那样？是因为哀伤辅导没有做。

做一个仪式，是必须的。丧礼仪式便是协助生者体认失落功能的有效办法之一，它能加强失落的真实性，表达生者对死者的思念。对死者过去的生活进行回想，提供亲友告别仪式。

葬礼是必须的。

下面是我在一个乡级初中学校做的哀伤辅导。一个初二年级的女生，在周一到校上了一节课后，回家喝了除草剂，在医院抢救了三天后，死了。与她同班以及其他班和她关系好的女生悲痛欲绝。校长请我们给做辅导。那天，在学校的心理活动课专用教室里集中了18个女生。

我首先分发《创伤经验症状量表》对学生周三到现在的状况做了了解，让学生重新体验同学丧失后的情绪。这些学生与去世的女生平时关系很好，她们非常配合，甚至主动问起自己不太清楚的问题。因量表无法及时统计，我们就"睡觉梦见她"、"闭眼就能想起她"、"睡不着"等问题做了现场调查，让学生意识到自己的问题并非独特而是大部分学生都有的，这是正常的行为、情绪等，消除了学生的心理负担。

接着播放哀伤音乐，要求学生闭上眼睛以自己最喜欢坐的姿势坐好。用十分诗情的"春夏秋冬"指导语引导学生回忆与死者在一起的点点滴滴，让学生充分地体验与死者的情感，用不紧不慢的语气重述该死者的自杀经历，并体验丧失后的失落。

突然我大声对她们说："她死了！她真真正正地死了！"强硬的语气可以帮助人们面对失落相关的现实层面，且引发一些需要被触及的痛苦感觉。此时，学生有些许抽泣。

2. 引导当事人表达情感

丧失亲人朋友最常见的反应是无法认清自己内在纠结的复杂情绪，难以表达这些情绪感受。学生不懂得怎样调整失去亲人朋友的心理状况，处理情绪的能力也相应较弱。

因此，要帮助当事人回忆与死者的关系，充分体验他们的内在感受，使这些情绪能够合适地表达出来。这些情绪包括愤怒愧疚、焦虑、无助、悲哀,等等。

继续运用冥想引导学生回忆与同学相处的美好时光后,继续引导:"想哭就大声地哭出来!"于是,哭声此起彼伏,他们心中郁积的怀念、内疚、歉意等情绪得到合理宣泄。学生原本有些红肿的眼睛更加红肿。

等到她们宣泄完后,我请她们抬起头来重新坐好,要求学生把自己来不及对死者说的话写下来,就像死者现在就在我们中间,你有哪些话要对她说,内疚也好,感谢也罢,都把它写下来。

学生回忆与死者的点滴往事,有好多未竟之事,未说之话想要向死者告白,学生自然一吐为快,大约二十分钟,好多学生写了不下千字,其间还有几位学生边写边啜泣着。

紧接着,要鼓励大家把写的话说出来,由于这个团体来自不同年级、不同班级,团体成员内心还存在疑虑,久久无人出声。终于有一个女生愿意轻声地读,边读边哭,情绪再次感染了大家。为了让大家都能得到更好的宣泄,于是,我就让大家把自己写的内容在内心默读。此时,啜泣声此起彼伏。大家的情绪得以进一步宣泄。

最后,举行书信焚烧仪式。每一位学生都离开座位,在铁桶边将写满心里话的纸张点燃焚烧,传给远在另外一个世界的好友,寄托自己深深的哀思,每位学生都表现得无比虔诚,无比神圣,都等着纸张全部焚尽!

3. 帮助当事人正常生活

当事人突然失去了亲人朋友,通常会因角色的缺失而产生无助、恐慌、茫然的情绪反应,凭自己的能力难以走出这种情绪,需要辅导员帮助当事人适度地处理这些情绪,让他确认与逝者的关系已经结束。帮助他在往后的人生舞台重新建立新的关系,适应新的人际关系。

活动最后的引导语：我们已经做到我们所能做的一切，死者选择这样的方式结束自己，是她自己的选择，与我们无关！我们要接受现实中的一切，重新选择自己的生活，一切也将重新开始！在事件发生的几天中，我们生活中有爸爸妈妈等亲人关心着、有很多好朋友关注着、有好多老师爱护着，我们的未来生活肯定很精彩。

此时，有的孩子已经露出淡淡的笑，与来时的对抗判若两人。

4. 支持当事人情感转移

哀伤事件发生，学生顿时失去了一位长期亲密的亲人或朋友，必然会产生无助、恐慌、茫然等情绪反应。如果只在悲伤发生之际，简单地寻找一个替代品来转移当事人的注意力，很有可能在悲伤之外，又衍生出另一份失落感。最好的解决方法是帮助当事人发展新的人际关系，为当事人的心灵重新找到一个安全的场所，以帮助当事人从丧失亲人或朋友的哀伤中再一次回到正常的生活。

这次辅导过程中，引导当事者谈谈这次事件给她的感触是什么，让她们体会到"自杀事件"后，亲人、老师、同学对她们的关心、关注、爱护，从而让当事者把情感转移到积极方面。

5. 提供长期的心理支持

为了给当事者提供持续的支持，在活动结束时，我把自己和助教的邮箱、电话号码提供给了大家，他们的心情无比平静，与之前的对抗判若两人，俨然与我们由对手变为朋友。

辅导结束后，我们还特意交代学校领导和相关教师要持续观察这些学生的表现,如有异常情况要及时联系。

(三)哀伤辅导的启示

1. 哀伤辅导对当事者是必要的、有效的

成年人常常认为未成年人会很快就忘了灾难,如那位校长说:"从那一次哭过后学生就没有事了,学生没有提起,学校也没有提起,大家集体遗忘了这件事。"青少年学生注意力转移较快,情绪比成年人容易平复,但不代表他们的哀伤已经处理好。哀伤事件发生时如果没有及时给予辅导,可能会造成长期的心理创伤。

在这一次辅导开始时,学生以嘻嘻哈哈的方式故意和我们开玩笑:"老师,你发的笔能送我们吗?还有什么纪念品吗?"同时被辅导者用奇怪的眼光看着辅导员,嘴里还念叨着想早点回家,好像早已遗忘了最亲近的同学自杀的事情。

但我们知道他们是在用淡漠的表情来掩饰内心的不安。其实有很多学生都梦到了与死者在一起,有的还做了好几次噩梦。这种感情在潜意识中会影响她们今后的生活。只有对她们及时进行哀伤辅导,接纳、宣泄这些情绪,她们才能轻装上路。

2. 哀伤辅导理念、技术需要普及

创伤事件发生后,学生肯定会出现害怕、悲伤等情绪;成年人会说:"不要哭了,有什么好哭的,你看谁谁多勇敢,都没哭。"事后也极力回避谈论这些事件。

这些传统的方式并不能疏导学生的情绪,反而会让学生背负着创伤事件所产生的消极情绪继续生活,给以后的生活埋下一颗"炸弹"。

而且创伤事件直接相关学生认为事件的发生是因为自己犯错的结果，因而长期生活在内疚之中，"如果不是我让他怎么样，这件事就不会发生"。

好多学校的老师，没有经过专业培训，处理的方法与传统的方法一样，说一些有道理而没有效果的话。所以哀伤辅导理念和技术有必要普及，让教师和学生一起处理哀伤情绪，并帮助学生接受自己的这些情绪。只有让教师接受哀伤辅导培训，才能更系统地做好学生的辅导。

3. 班主任能为学生做什么

(1)班主任先适度厘清自己对人生与死亡的态度与看法，且能真诚无畏地表露自己的感觉和想法，最好是老师也能体验一下创伤辅导。

(2)老师以邀请、开放的态度来带班级，不批判、不评价、不比较，例如不说："不要难过，你要坚强，你家房子才半倒，他家可是全倒呢。"而是运用引导式的技巧，多鼓励来让学生描述他在创伤中的经验和感受。例如："事情发生时，你的情形是……这阵子来，你最常听到或看到的是……事后这几天，你的生活如何……"

(3)开场白的暖身，不妨用老师亲身经验作自我开放，例如："事情发生当时，我也是很害怕，不知道该怎么办？还以为世界末日到了。"暖身不要太长，否则反而成为焦点。然后由学生七嘴八舌，重建现场，也有助于拉回现实。

(4)同一班级中可由相同经验者再分成小组，同样经验学生一组，可以让他们更容易表达、互相支持与陪伴。

(5)教师不妨准备餐巾纸，供哭泣学生使用。

（6）班级中若发现情况特殊的学生，邀请同学们给予真挚的支持和协助。

（7）重视个人内心自愈的能量，协助学生找到力量。

（8）整理出创伤事件后自己可以做的事情，凝聚重新出发的力量。邀请同学分享心得，时间够的话可用接龙方式进行。

结束班级辅导活动时，要终止在正向思考上。

二、心理辅导活动课"非指导性教学"模式及应用

心理健康教育工作者，在团体心理辅导课实践中都会说到保持价值观的中立。但对于为什么要价值观中立，它的理论基础是什么，教学模式是什么，价值中立的度如何把握等方面考虑得不多。现就班级团体辅导活动课的教学模式和应用进行梳理和反思。

（一）"非指导性教学"模式的基本理论

目前，国内的心理辅导活动课的操作模式，大多采用"非指导性教学"模式。

"非指导性教学"是由美国人本主义心理学家卡尔·罗杰斯提出的。其含义是较少的直接性、命令性、指示性，较多的不明示性、间接性、非命令性。它是用来表示与传统的"指导"思想和方法相区别的新概念，不是"不指导"，而是"不明确的指导"，即要讲究指导的艺术。同时，它突出了传统教育所忽视的情感作用和价值观等重要问题。

非指导性应答通常是一些简短的答话，这些话不是解释、评价或给予忠告，而是对理解加以反映、澄清、接受和证明，目的在于形成一种气氛，让学生愿意展开他们正在表达的观念。在教学目的上，以情感为依托，充分发挥学生的潜能；教学的重点应放在受教育者和教育者的态度上；强调的是教育过程中师生的交往和合作。教师的根本

从"教育"到"辅导"
——心理健康教育视野下的德育工作

任务不在于传授知识，而在于建立一个积极、接纳、无威胁的学习环境来促进学生的自我指导。

(二)"非指导性教学"模式应用实例

在青春期辅导课《那时花开……》中，我设置了这样的片段：

小娜，就读于高中一年级，聪明又善良。她父母都在北京开门市部，平时的生活由年迈的奶奶照顾。小娜有时觉得很孤独。小强是小娜的同班同学，身材高大、外表很酷，是班里公认的帅哥。有一个双休日，两人都没有回家，于是有了交往的机会。交谈中，小娜得知小强父母离异，父亲工作很忙，脾气暴躁，平时对小强又非常严格，缺少家庭温暖。于是小娜和小强两人都有一种"同是天涯沦落人"的感慨，两颗孤独的心很快就走到了一起。后来，两人的过密交往引起了同学的议论和老师的劝告。

问题：你对他们的交往有什么看法？想对他们说什么？

（小组讨论两分钟，全班分享）

然后是学生回答：

A. 第一个学生说：他们是高一的学生，都是十六岁的人了。高中阶段对于人生来说太重要了，认真学习将来有可能考上北大、清华，不认真很有可能连高职也考不了。谈恋爱肯定会浪费不少时间，影响学习，将来他们会后悔的，与其将来后悔，不如现在不谈恋爱，让这一份情感深深地埋在心底，冰冻起来，不让其生根、发芽、开花、结果。

B. 第二个学生说：小娜和小强都是高中生了，都已经长大了，他们能对自己的感情负责，十六七岁的人了，像我们长辈，都差不多已经结婚了，对于他们的事，我们能说什么呢，苦也好、痛也好、甜也好，只能让他们尝试后才知道，让他们谈去吧。

C. 第三个学生说：我们觉得他们的交往，顺其自然，有感觉就谈，没感觉就不要谈。不要让这个事纠结在心头理还乱。其实，很多时候恋爱与学习是两个事情，可以互相不影响的。

……

我说：我们的很多同学都认为如果不影响学习，或者可以转化为学习动力，可以继续交往下去。我们看看小娜是怎么办的。

自从那个双休日，小娜与小强越走越近，关系越来越亲密。每个周末都要在一起逛商场、泡网吧、上公园。有一天，小娜带小强到自己家，两人从谈天拥抱再到亲吻。后来，小强向小娜提出了"越轨"的要求。小强说："如果你真的爱我，就应该答应我。我会对你负责的。"小娜感觉到很突然和迷茫，不知道怎么办才好。

问题：小娜应该怎么办？你对小强所说的话怎么看？

（小组讨论，全班分享）

以下是全班讨论和分享：

女生A：小娜应该很坚决地拒绝小强的要求，因为小娜是高中生，如果发生这样的关系会带来很不好的影响，因为他们现在挺好的关系，由于主观和客观的原因，他们以后不可能在一起，必然会留下很多的遗憾，加上如果发生这样的事，有可能还会怀孕什么的，这是小强和小娜所不能负担得了的事。

男生B：小娜应该满足小强的要求，因为爱所以爱。既然小娜爱小强就要奉献自己，我们不能断定今后他们会怎样，但我们相信他们现在是相爱的，所以小娜应该答应小强的要求，我们也相信小强会对小娜一生一世都好的。这是我们这一组男生的意见。

女生C：相信鬼也不能相信男人那张嘴。谢谢老师为我们上了这个主题。今天终于让我们认识了"男人的真面目"。通过这个内容让我们女生以后对于这个问题有了更清晰的认识。

……

到这儿，我还是没有表明我的观点，对学生们说：现实生活中，

从"教育"到"辅导"
——心理健康教育视野下的德育工作

当两人有了一定的感情，而感情又发展到了一定的程度，在相对无人的状态下，有一些人可能会不够理智而把持不住，而小娜就没有拒绝……

两个月过去了，小娜发现月经没来，又等了两个月，月经还是没来，小娜去医院检查后确认怀孕了。回来后小娜问小强该怎么办，小强却说不知道，然后撇下她一个人走了。

问题：1. 小娜该怎么办？

（分组讨论，集体分享）

A：小娜应该把孩子生下来，然后去告发小强。

马上就有人反对：小娜已经是高一了，十六岁了，你情我愿，如何告发。把事情如实告诉家长和老师，先处理完这件事，然后转学，重新开始。

B：孩子生下来，放在小娜妈妈那儿或者给小强爸爸那抚养。

马上有人反对：小娜妈妈在北京顾不上照看自己的女儿，怎么有工夫和能力照顾小娜的女儿，更何况妈妈会认为这是伤风败俗的事，才不会养育呢；小强爸爸是一个独身的男人怎么可能照顾小强的孩子呢？

C：小娜只能堕胎了。

有人反对：同学们，小娜肚子里是孩子，是生命，不是垃圾，不能说要就要，说不要就不要。

……

到这里，我还没有说我自己的意见。我可以建议用法律武器解决，可是这就不是"非指导性"了呀！到这里我们想一下，老师该怎么做？

最后请大家阅读一个熟悉的片段《一根小草的考验》

一对热恋中的年轻人，有一次去森林游玩迷了路。黄昏时，他们发现曾经住过守林人的两间小草棚空着，就决定在那里过夜。可是女孩却站在自己的那间小屋门前发愁。闩门嘛，怕伤了他的感情；不闩门，又怕他闯了进来。可是如果他真要进来，这扇门就是闩了也没有用。结果，她想了一个自以为奇妙的办法：把一根小草轻轻地系在门闩上。这一夜，她心乱如麻，很晚才睡着。第二天清晨醒来时，只见门上那棵青青的小草依然紧拴着。

她哭了，她感受到一种真正的，值得信赖的爱情……

这是课的最后。

整节课堂教师用了"不明确的指导"的教学模式。不告诉学生应该怎么做，就是让学生在同学的反馈中、自己的感悟中明白了自己行走的方向，辅导者的话只是一种建议而不是必须，辅导者只是团体中的首席。

为了达到教学目标，在课堂上必须创设安全的心理环境，让学生能表达、想表达、有表达的欲望。专业的辅导技术要求辅导者掌握尊重、同理、专注、具体化、重述、支持等辅导技术。

（三）"非指导性教学"模式下的活动课类型

1."故事接龙式"活动

在青春期性教育课中，"话题讨论"这种形式运用的比较多。由上官郑粉老师设计的青春期异性交往主题的活动课——《同桌的你》就是这种类型，围绕一个青春故事展开，辅导者先设定各个环节，通过学生思考、体验，积极创设情境，师生探讨分享话题，期间可引进一些心理学的理论，如斯滕伯格的"爱情三角理论"。

导语：由于每个人的情感态度不一样，所以大家采用的方式方法也可能不一样，当然最后导致的结果也会不一样。今天我们来看一个青春故事，看看我们故事中的这对主人公是怎样处理这种朦胧的感觉的。

(1) 青春的故事

陈鹏和玲玲是高一的新同学，在一次偶然的交流中，陈鹏发现玲玲和他一样迷上了一个不红的歌星 A。陈鹏有些惊讶，更有一种遇到知音的幸福。于是，陈鹏……

故事的具体内容由学生根据自己的想象完成。

小组1：陈鹏每天都跟玲玲交流歌手 A，他们一起收集 A 的照片、歌曲，互相分享。久而久之，两人之间的联系成为习惯，渐渐从普通同学变为无话不谈的好朋友。

小组2：陈鹏经常跟玲玲交流歌手 A，这让他们开始有了很好的交往，最后成为好朋友。

师：那么，你们如何看待陈鹏的行为？

生1：很正常吧，男女生之间这样交流。

生2：也许这是我们这个年代开始恋情的一种方式。

(2) 青春的错觉

两人的交流让陈鹏和玲玲觉得愉快，陈鹏也常常向玲玲倾诉自己的烦恼。这让敏感的玲玲觉得关系似乎有些微妙的变化。有时候她抬头，发现陈鹏在注视着自己，目光对视……

讨论：你认为玲玲会怎么想？为什么？

生1：玲玲可能会觉得陈鹏喜欢自己。少年时，目光对视是很有杀伤力的。

小结：当男女同学在一起学习、交流、交往时，双方会产生一种愉悦的心理感受。男女生之间交往过密很容易让对方产生朦胧的误会，产生"被爱错觉"。

（3）青春的选择

陈鹏一如既往地对她好，玲玲感觉害怕极了，做什么事情都尽量避开陈鹏。每当她看到陈鹏，总是迅速地把目光移向别处。玲玲隐约感觉自己喜欢上了陈鹏，她总想陈鹏是不是也喜欢我呢？由于老是为此分心，玲玲的学习成绩有些下降。

讨论：此时，玲玲该怎么做？请说明理由。

A. 什么都不做，顺其自然

B. 向陈鹏试探，并表达心意

C. 克制内心的感受，仍然做朋友

D. 向朋友请求帮助

活动1：学生换位置来做选择，坐到所选择的字母的桌椅边上，并谈谈各自的看法。

生1：也许，是自己的被爱错觉，是自己想多了，还不如顺其自然，否则冲动地做了什么，彼此都很尴尬。

生2：在这种情况下，胡思乱想导致成绩下降，还不如问个清楚，明明白白。

生3：当局者迷，旁观者清，可以请自己的好朋友帮忙观察，是否如自己所感受到的。

（4）青春的冲动

玲玲与陈鹏进行了一番交流，于是两人开始了交往，经常单独在一起。起初两个人都觉得很幸福，很快乐。

不久之后……再后来……

活动2：故事续写（学生会写出多种结局）

活动3：学生再次变换位置，做出选择，并谈谈玲玲不同的处理方式，可能的结果是什么？

小结：青春的我们会有很多的萌动心情，也会有很多的选择。我们每个人，都有选择A或B或C或D的理由。不论你选择的是什么，请你要记住，同学间的友谊是最珍贵的，犹如老师桌上的一杯杯水，如粉红般梦幻，如橙色般温暖，如绿色般单纯，如蓝色般永恒……

以上，我说的是故事接龙式的辅导模式，青春期辅导特别好用。这一类课型有内容、有深度、有趣味，操作容易，在实践中应用最多，可行性最强，也最易学习和推广，最适合在青春期辅导上应用。

2. "动态生成式"活动

比较少的课例是单纯的"动态生成"，一般都是在某个环节运用，比较多的形式是"辩论赛"。尊重学生的个体心理体验，给予学生自主空间，在课堂团体辅导的过程中形成积极互动，触发真实感悟，为生成式心理辅导教学营造良好氛围，促进学生在某一个心理话题上有所感悟、触动、体验、思考，从而实现自我心理成长。

这类课型成败一念间，在操作上，对老师的要求比较高，上得好，学生参与度高，观点碰撞激烈，各个层次的学生都有收获；上得不好，学生开放程度不高，老师被动尴尬。成败的关键在于选择的主题是不是切合学生实际，是不是他们关心的有话要说的主题，在安全的课堂气氛下，学生比较愿意发言。

记得有老师上过一节公开课——《性，要不要等待》，主题非常大胆，其中辩论赛环节，正反方就"性，要不要等待"的话题展开激烈的辩论，老师没有任何的价值干预，全由学生表达，在针锋相对的辩论中澄清价值取向。

这堂课之所以能成功，因为面对的学生是职高生，而这个话题正是他们关心的，也是私下里讨论很多的话题，他们想讲而且敢讲。倘

若将这堂课移植到普通高中，或者重点高中，也许效果就难预测了。

3. "工作坊式"辅导活动

这种模式给学生做，感觉效果特别好。下面是心理工作坊《茫茫人海》片段。

(1)请所有人找到一个搭档面对面站到一起；男生最好和女生站在一起；也可以是和生活中最好朋友的站到一起。

(2)每个人发一个眼罩，戴在头上，先不要戴在眼睛上。

(3)在接下来的一段时间里请大家保持安静，无论发生什么请不要讲话，用心去体验，请大家放心，每一位教练会保证大家的安全！

(4)平复心情：（亲爱的小孩/再回首）

现在请所有人慢慢地闭上眼睛，静静地听这首歌曲，来让它平复一下现在的心情，同时随着这首歌曲回忆一下我们共同走过的历程。

上面的这些话是指导语，在这个过程中，学生有体验。我的学生当时有这样的体验与大家分享：

"目光对视"中，与我合作的是一位腼腆的男同学，我们一开始破坏游戏规则了，两个人在聊天，互相自我认识，没有想到会对后来的活动产生一定影响。在三首不同风格的音乐中，我们要一直看着对方的眼睛，在对方的眼睛中看到自己。大概九分钟的时间，我发现我们都好痛苦，对方脸不时一阵阵红，每次如此我都不忍心看他，看着对方的眼珠有点恐怖，或许是自己不自信的缘故。对方也是如此。我们就这样"忍受"了九分钟。

另外一对同学分享如下：

那位男同学说很专注地在对方的眼睛里看到了自己！一语惊醒梦中人！原来游戏的本意在这里，我怎么就做不到。反省着自己，不够自信，过于受外界因素影响，心不够静，不够专注。虽然没有达到这个游戏的本意，但从中我更加了解了自己是一个怎么样的人，也算有收获。

体验式工作坊是一种全新的学习方式，它是以建构主义教学理论为依据，以严肃游戏和教练式辅导为教学方式，针对特定的主题，促进学员发生心理变化，引发学员主动探询解决问题的途径，从而改变行为、提高技能的学习方式。体验式工作坊，是摒弃了传统培训讲授式的一种全新的培训理念，它强调在做中学，在快乐中体验，在行动中学习。

4."认知——行为训练式"活动

心理活动课不只是教给学生面对问题的理念，也要提供给学生一些解决问题的方法，让学生在面对问题时能想起我们学过的特殊的方法，从而能够让自己从迷雾中走出来。如"我信息"训练，我不知道大家关注过"我信息"这个词了没有？其实在人际交往中，"我信息"的表达很重要。

比如：同桌林上亿又把我的钢笔拿去用了，也不说一声，每次都这样！

（1）苏林：林上亿，你太讨厌了！每次用别人东西都不先说一声，一点都不知道尊重别人，你真是可恶。

苏林的表达是"你信息"。

（2）黄夫：林上亿，看到你每次都不说一声就把我的钢笔拿去用，我觉得有点不受尊重，希望你下次要用的时候能先跟我说一声。

而黄夫则是我信息。"我信息"表达意义：以我为出发点，表达自己内心的感受，而不以指责对方的口吻表达。公式：我觉得……后面要接着指出事件的原因。如：我觉得很不舒服，因为你总是不经我同意就拿我的东西；我觉得很生气，因为你每次都拿我开玩笑，我不喜

欢这样的感觉。

在实践中考前辅导系统脱敏训练也是这个类型，将考前焦虑的情绪细划为几个等级，分级进行放松训练，直至焦虑情绪缓解。在课堂上示范拟列焦虑等级表，学习放松的步骤，这样的训练过程，希望学生在面对压力、感到焦躁不安的时候，除了从认知方面改变自己外，能应用放松训练使自己回归平静，学生在今后的实际生活中也可以参考应用。

"切时间蛋糕"、"优点大轰炸"、积极暗示训练、肌肉放松训练也是认知——行为训练的活动设计。认知——行为训练把团体辅导训练引入课堂，是一种有效易学的训练方式。

5."角色扮演式"活动

角色扮演无需事先排练，可以全体参与，也可个别参与。主要有角色互换、空椅子表演、改变自我等方式。其目的都是为了使学生体验对方的感受，更加了解对方和自己，促使学生自我反省，培养学生的自表能力。

记得我的研修班学员在上人际关系培训课的时候，一个学生说自己一直不敢开口叫爸爸，其实她很爱爸爸，只是不敢叫爸爸。为了突破这种人际困惑，我们随意请一位听课的男老师扮演她的父亲，就站在她的面前，辅导老师创设情境，告诉她，站在她面前的就是她的父亲，现在你有什么话可以与你的父亲说，几经鼓励，几经努力，在辅导老师和全体学员给予的心理能量下，女孩终于说出了一句自己想表达的情感。第二周周一，孩子说回家后终于开口叫爸爸了，爸爸很感动。

(四)对"非指导性教学"模式的思考

非指导性教学模式的理论来自于"来访者治疗中心"，"中心"指的

从"教育"到"辅导"
——心理健康教育视野下的德育工作

是什么？罗杰斯强调，在心理治疗过程中，治疗师或咨询师要毫无保留地接受来访者，要给予来访者无条件的积极关注，完全接受来访者的是非标准和价值判断，这是使来访者达到自我接受的最为重要的第一步。在谈话过程中，每一个阶段讨论什么问题应由来访者决定，而不是治疗师所决定。班级辅导活动毕竟不是个别咨询，学生错误的价值观会影响到其他学生，所以心理辅导活动课还得有一定的价值底线。如何使学生错误的价值观得到反思，而老师又不会过于干预学生的价值呢？

1. 学生的价值观存在明显的错误，最好让学生澄清学生的观点。

比如上《情绪万花筒》。

师：如何消除不良情绪时？

生1：可以打同学，吃摇头丸。

这个学生的观点存在明显的错误，如果不进行价值干预的话，会给其他同学带来负面影响。

师：认为这样做好吗？有更好的办法吗？

生2：同学的这种观点是明显错误的，打同学和吃摇头丸是严重伤害了自己和他人的行为，是任何人都不能触碰的。

生3：听音乐、踢足球……

学生有错误观点时，最好是让学生澄清。

2. 学生伤害到团体成员时，有必要进行价值干预。

如《男生女生》的心理辅导课，老师让男女同学写出自己喜欢或者不喜欢的异性的某些形象，然后教师找出几个典型的看法在全班面前读出来。当读到女生不喜欢的男生形象——"婆婆妈妈"时，一个同学大笑，然后大声说："这个人就是我同桌"。

这种情况，团体内就有人受到很大的伤害了。怎么办？教师要及时地进行干预，并安抚"这位同桌"。

这就是《"非指导性教学"模式在心理辅导活动课上的应用》，非指导性教学也可以应用在其他学科，因为我们平时教得太多了，总不放心学生，其实每一个学生都有积极向上的内在需求，这个观点在我的《班级团体辅导活动课》一书中进行了阐述和实践。我们一直感觉中职学生，自控力差。是没有真正挖掘学生的内在需要。每一个人都想自己是好人，只有在看不到希望的时候才会变坏。

人有两个最基本需要：

亲密：被肯定、被爱、被喜欢、是重要的……

当自己：有选择权、可表达、声音被听到……

我＝手＋戈。当自尊受到威吓时，我们时刻会拿起武器保护自己，以维护自己的基本需求。拿起的武器往往有：攻击，攻击他人、认为他人的错；疏离，远离他人（逃离）；讨好，比如在老师或父母的视线内很本分。

不管你怎样，我一样爱你！不管自己怎样，都一样爱自己！屡劝不听的孩子，所提供的协助要配合"他的"需求，需要深入其内在，了解其情绪，去懂他。不急着"指导"，不急着"纠正"，不急着"讲道理"，不急着扮演师长的角色。

三、爱是最好的咨询技术

——一例儿童"偷窃癖"的个案报告

[关键词] 偷窃癖；小学女生；个案咨询

（一）案例描述

1. 来访者基本情况

雨蒙，女，九岁，现就读于某小学二年级。两岁时父母离异，与父亲一起生活。在四岁的时候到亲妈家里住了半年，后来回到爸爸身边，爸爸对雨蒙也很疼爱，父女感情也是较好的。

在雨蒙六岁的那一年，父亲又结婚了。后妈是一位家庭妇女，对待雨蒙态度挺好。雨蒙八岁的那一年，后妈生了一个小妹，父亲、后妈对小妹妹很疼爱，特别是后妈把所有的时间都给了小妹妹，雨蒙感觉自己被冷落了。

父亲介绍：雨蒙四岁时开始尿床，到现在九岁了还经常尿床，经常要晒床单；平时吃饭时经常把饭含在嘴里，吃得特别慢；做作业注意力不集中，拖拖拉拉，有时没有完成作业也不在乎。

也是从四岁开始，她一直想"要"别人的东西。最近一次是上周五下午放学后，她"拿"了同学的书。之前父亲也曾多次打过孩子，雨蒙

当面认错，发誓不拿别人的东西了，多次写了保证书，可是没有任何效果，还是一如既往地喜欢"拿"别人的东西。

2. 案例诊断

初步诊断，丽蒙为偷窃癖。偷窃癖属于意志控制障碍范畴的精神障碍。其表现是反复出现的、无法自制的偷窃行为，虽屡遭惩罚而难于改正。这种偷窃不是为了谋取经济利益，也不具有其他明确目的（如挟嫌报复、窃富济贫或引人注意等），纯粹是出于无法抗拒的内心冲动。面对家长和老师反复的批评、处罚，每次孩子都感到错了，发誓不再偷了，但过后仍然我行我素。此种行为障碍女性多发于男性，一般从四五岁开始，初期多被家人忽视或未察觉，等上学后听到老师反映，才感到问题的严重性。

（二）个案干预

人类的行为往往受到成长经验所积累的各种意识、无意识、潜意识等的影响。从心理健康的角度看，当出现无意识层次的心理防卫机制以消除自己的焦虑的过程，那么偷窃也就成为了一种习惯。这一过程一旦建立起来，人就会面不改色、心不跳地偷窃了。

心理辅导的第一目标是给来访者以"新的发展方向"或"新的出口"，改变来访者的认知，这是人格的健康部分得到恢复的重要条件。

指责批评她，就意味着压制了她的精神需求，不但效果不好，反而随着年龄增长会形成心理障碍和人格缺陷。所以对雨蒙我采用以下的办法：

（1）要父母放弃偏激无效的教育方法，承认"爱"的欠缺，拉近与雨蒙的心理距离，缓解孩子的紧张感。并且把孩子看做是一个病人，爱护她、包容她。

(2)家庭治疗方法：家庭治疗把焦点放在家庭各成员之间的人际交往上，以系统论的观点去分析家庭系统内所发生的各种现象和行为，减少来访者与其家属之间的负面影响，协助实现健全的家庭功能。

(3)认知行为治疗：不是旨在帮助来访者消除不适应的问题行为，而是整体上学会适应新的行为。为此同孩子一同商定矫正计划，根据过去偷窃行为的频次，制定了递减和延长周期的具体要求，并对其进行适度的奖励。

(三)个案辅导过程

第一次咨询：建立咨询关系　确立治疗方法

初见孩子：雨蒙有一双美丽的大眼睛，人很清秀，着装得体。看得出是一位在家得到细心照料的孩子。

我说："孩子，你长得很漂亮，听说你现在遇到些困难，老师是帮你的。"雨蒙仰着头很认真地看着我。为了表示我对她的关爱，我把她的手抓住放在我的手心里，告诉她不管她说什么，我都会为她保守秘密。并且与她拉钩。然后很深情地对她说："你觉得你是快乐的吗？"

她摇了摇头说："没有，没有快乐。"

我接着追问说："为什么会没有快乐呢？"

雨蒙还是摇了头说："爸爸说我吃饭很慢"。

我说："在家里还有什么事让你不快乐？"

雨蒙说："我没有经常不刷牙。有时我五点就起床做作业，可是家里父母都不知道，因为有时作业有点多，做好了就没有时间刷牙了。"

孩子打开了心门继续说："在学校里也是没有快乐，上周上体育课时，有同学踢了我一脚，到现在还痛。"

我问："在学校里你有好朋友们吗？"

雨蒙坚持说："没有一个好朋友，妈妈经常带妹妹到外面玩；班里好多同学会英语而我自己不会，我希望自己能去学英语。"

但是她就不说自己"拿"了别人的东西。

我说："我有听说你'拿'别人的东西。"雨蒙很无助地看着我，点点头。

雨蒙说："是，最近拿了自己楼下一个姐姐的书，还在自己教室里拿了同学的铅笔刀。因为爸爸没有买给我。"

我知道这是她自己给自己的一个合理解析，一个台阶而已。

我在纸上写了自己的手机号码，告诉她如果想拿别人的东西时，给我打电话，或者已经拿了别人的东西后，也可以给我打电话，让我去帮她解决。

雨蒙答应我下周一再来，并且许诺自己不再"拿"别人的东西。

随后我请来雨蒙的父母，告诉他们孩子不是在正常的情况下偷窃，而是病态的情况发生的，是无意识的。如果发生一切不合情理的事都要包容孩子，不能随便打骂孩子。雨蒙的父母也答应了我的要求。

到此，我想通过认知行为治疗和家庭治疗来帮助她。

家庭是一个有边界的系统，它可以适应家庭成员的变化，促进家庭成员的成长，同时为了让家庭正常运转，家庭成员应该共同努力实现家庭的功能。

第二次咨询：采用电话咨询　给予心理支持

晚上六点我在外面吃饭，有人来电话，是雨蒙她爸爸。他告诉我说，雨蒙晚上放学后又"拿"了人家的东西。因为人多讲话不方便，我们约晚上八点聊。

八点我打过去电话，雨蒙接起来。我问她作业做好了吗？她说还没好，因为做得慢。

我问："你还有什么事要告诉我吗？"她犹豫了好久说："老师，我又'拿'了人家的东西，是小弟弟（别家的孩子）放在客厅里的铅笔削。"

我问："你不是答应老师这一周不拿别人的东西了吗？"

她说："可是我还想拿别人的东西。因为我没有铅笔削。"

我问："爸爸不是说要给你买了吗？"

她说："可是还没有呀？"

我问："爸爸妈妈有没有骂你呀？"

她说："没有，爸爸没有骂我，爸爸很爱我的。"

谢天谢地，昨天我与她父亲交谈的目的就是让她父亲，把她当成病人。当事情发生后，不能打骂孩子。今天晚上她父亲做到了，让我感觉特别欣慰。

我想只要有爱，孩子就会有希望。

第三次咨询：相互商定　正面强化

雨蒙如约又到我的办公室，她像只小鸟似得飞了过来，很开心的样子。

我问："作业做好了吗？"

她笑容满面地告诉我："只有两个题目，早已经做好了。"

我轻声地问："这一周心情好吗？"

雨蒙开心地答："感觉不错：1. 语文考了 100 分，全班就我一个人，数学考了 90 分。2. 老师表扬我了，说数学作业"镜子里和镜子外"就我一个人做对了。语文有一个题目很难，也只有我会。3. 我爸爸这些日子给我钱多了一些，早餐都给我 3.5 元，我都有多余的零花钱了。4. 吃饭时间也快了很多。"

我追问:"那这一周还有做得不好的地方吗?"

她不紧不慢地答:"还是拿了小弟弟的铅笔削,因为自己的还没买,我也知道这样是不对的,已经还给人家了,所以我在那个下午就给你打电话说我的不对了。"(这是上次已经沟通的事)

我与她父亲聊到了《童年的经历影响孩子的一生》,说到杰克逊的不幸童年导致他不停地整容,张国荣的不幸童年导致同性恋和自杀。童年越缺少什么,以后就越向往什么,童年时受到的压抑,可以让人一生为此计较。

我注意到雨蒙只要见到父亲就很"老实本分"。孩子在最亲近的人面前还在刻意伪装本真的自己,那真是一种刻骨铭心的累。事后只能以另外一种形式来获得他对她的关注和爱。于是雨蒙表现为"拿"别人的东西,表现为尿床也就不足为奇了。

随后我把雨蒙叫到咨询室当着她父亲的面问:"你还有什么话对爸爸讲的吗?"

她想了半天,怯生生地说:"学校前面小店里的小红花,我喜欢,我想爸爸买给我。"表达需要时她还是不自信,生怕爸爸会责备她。

事情到这儿,已经有了初步的效果。为了保持这种效果。我承诺如果她能一个星期不"拿"别人的东西,下周一我会给她送一个礼物。她很主动与我拉钩,说自己不会再"拿"别人的东西了。

我交代她的爸爸有时间陪陪孩子,不要教育,不要道理。有时间就是陪她看看花,玩玩水……

第四次咨询:实现诺言　适度奖励

为了这次约谈我花了25元买了一只布狗狗,想作为礼物送给雨蒙。

约好七点半,雨蒙准时到来。

雨蒙像一只蝴蝶飞进咨询室,带着银铃般的笑声。看得出她的心情是非常快乐的……

她向我表达了她想我的心情,说已经超过两天没有见我,因为今天不是周一,是周三。

没等我问,她就告诉我她的高兴事:"课堂上老师好几次表扬了我,同学也对我挺好。爸爸一个星期都没有骂我,对我可好了。妈妈带我和妹妹一起出去玩。我一个星期都没有尿床了,爸爸表扬了我是个好女儿。"

雨蒙是开心的。也许这是多年以来她自己感觉最好的日子。我肯定了她,给她送了一只可爱的布狗狗。抱着布狗狗的雨蒙就像抱住了爱,她说自己要抱着狗狗睡,就好像抱住妈妈。

我试着、小心翼翼地探问她是否有"拿"别人东西。她说没有,如果有,她会打电话告诉老师的(指的是我)。

我又一次强化了如果想"拿"别人的东西,可以先给我电话。或者"拿"了别人的东西后也要给我电话。之前雨蒙已经这样做了……

在以后的日子里多次与小雨蒙约谈,她的心情都很好,向我汇报自己的学习和生活的点点滴滴,孩子的心情总是很快乐,是被阳光雨露滋润的那一种,动作快了,不会尿床了,也没有拿别人的东西了。很多时候她关注的是学业成绩,关注的是什么时候和林老师见面。

(四)效果与反思

案例中雨蒙偷东西的习惯,也就是所谓的"偷窃癖",是源于她内心的焦虑、抑郁和强迫症,这与他父母的教养方式和父母的离异有极大的关系。父亲工作繁忙,与孩子缺少情感沟通,后妈把更多的爱给予比她更小的妹妹;在学校得不到老师和同学的关爱,曾被孤立和惩罚,这使她成长中缺少爱和安全感,因此也就难以建立自尊自爱。偷东西潜在的愿望是去偷到爱。我相信,没有一个快乐的人会不由自主的偷窃。所以这个孩子能做的就是父母给孩子更多的爱。

虽然此案例用了家庭治疗和认知行为疗法，获得了很好的效果，但那只是技术和技巧，都是辅助。面对习惯性偷窃，爱才是最好的技术，爱才是孩子成长的灵丹妙药。

从"教育"到"辅导"
——心理健康教育视野下的德育工作

后 记

《从"教育"到"辅导"——心理健康教育视野下的德育工作》是我多年来心理健康教育工作的梳理和总结，也是为全国各地班主任培训和浙江省心理健康教育B证培训的报告主题，听过的老师、家长和学生近十万人次。网上评价挺多，以下摘录几节：

南京某老师：林老师另辟蹊径，着重从心理学的角度来剖析班主任工作的特点和方法。他的渠道有心理咨询、心理咨商、心理辅导活动课等形式，让人听过之后，觉得眼前一亮，似有一个无形的准绳在暗箱操作。

宁波某老师：我从事的是高中班主任工作，我知道学生早恋与否和该生品德的好差是没有直接关联的，但是，班级工作千头万绪，心情很多时候会很糟糕、很懊恼。可听了林老师的讲座之后，我忽然间有了种"柳暗花明"的感觉。情同此心，心同此理；从自身的角度出发去感受学生的感受，耐心地倾听学生的心声，相信一定会让很多疑难问题迎刃而解的。

绍兴某老师：林老师的讲座提供了丰富的课堂教学案例、翔实的调研数据、生动活泼的影像画面，加上他幽默风趣的表达，场间的互动，整个会场始终充满活力。他的课堂案例《生命是美丽的》《花季雨

季》《网事情深》等，从设计到辅导，再到效果都紧紧围绕团体辅导课必须体现"活动、体验、分享"原则的要求，目标明确，结构巧妙，富于创造。清晰展示了有效的辅导课设计理念和操作流程，给全体班主任补上了心理健康教育相关知识和基本技能。

......

总的来说，听过讲座的老师评价很正面，讲座能给他们思想上以启发，理念上以指导，技术上以支持，收获多多。

今夜，坐在电脑前，审阅着整理好的《从"教育"到"辅导"——心理健康教育视野下的德育工作》书稿，从青春年少到五十知天命的职业历程和心情感慨浮现眼前，五味杂陈。

高中毕业后，我在某小学代课两年后就读大学，毕业分配到职业学校，从住校生生活指导、政教处主任，到分管德育副校长、校长，然后到教科研部门，我一直从事学生的德育和心理健康教育工作。如今年近五旬，回想自己职业生涯，最出彩的仍是政教主任的岗位。

想那时，五点多到学校带学生早锻炼，处理学生鸡毛蒜皮的事；睁开眼睛，忙到熄灯，躺在床上还在想学生、课题、论文、随笔，等等。每走一步都觉得疲惫和烦恼，都想放弃。可每想到学生对我的真挚情感，那无私的支持、灿烂的笑容、诚恳的问候……我都会油然而生一种难以名状的温暖。这温暖使我感到工作的快乐，学习的充实，生活的美好，生命的精彩！让孤单的学生得到温暖、让学困的学生获得信心、让多动的孩子得到尊重、让忧郁的心灵得到支持是我职业生涯不灭的追求。于是陆续有了《爱应该是教育的果实》等八本著作。

这本《从"教育"到"辅导"——心理健康教育视野下的德育工作》记录了或成功或挫败的经典的辅导案例，在心理学理论的指导下进行了深刻反思，用心理辅导的理念和方法，寻求更有效率和有温度的德育工作方法，可给心理健康教育专业人员和德育工作者在实际工作中以有效参考与借鉴。

感谢孙安立、李彬彬、陈燕飞等老师帮助整理了录音稿，感谢郑蓓蓓、陈如优、上官郑粉、冯守钢等老师提出的宝贵意见，感谢苏学恕教授认真修改书稿并撰写序言，感谢庞红卫主任为本书写推荐语，感谢领导和同事创设了温暖的工作氛围，让我安心思考和写作。

林甲针

2016 年 9 月 1 日